Klaus-J. Vetter · Wolfgang Heitzmann

Eisenbahnparadies Mallorca

Klaus-J. Vetter · Wolfgang Heitzmann

Eisenbahnparadies Mallorca

Mitarbeit: Sarah Wolff

tib

Vorwort

Mallorca – da denken die meisten sofort an Ballermann 6, Sangria und Bettenburgen. Dass das häufig als das „17. deutsche Bundesland“ apostrophierte Eiland eine der schönsten Mittelmeerinseln ist, nehmen manche, die dort Urlaub machen, gar nicht so richtig zur Kenntnis. Dabei bietet Mallorca abseits der Strände eine landschaftliche Vielfalt, die ihresgleichen sucht. Und eine der schönsten Arten, dieses andere Mallorca kennen zu lernen, ist die Entdeckungsreise mit der Bahn.

Drei verschiedene Schmalspurbahnen erschließen die Insel, und ihre Geschichte geht fast 150 Jahre zurück. Die bekannteste davon ist sicher die Linie von Palma nach Sóller: Auf abenteuerlicher Trasse rumpelt der „Rote Blitz“ mit urtümlichen Elektro-Triebwagen durch das Tramuntana-Gebirge und verbindet die Inselhauptstadt mit der Kleinstadt im Orangental.

Den Anschluss vom Bahnhof Sóller zum Hafen stellt „El tranvia“ her, die seit 1914 unermüdlich die 4,5 Kilometer lange Strecke hin- und zurückruckelt.

Zwischen Palma und dem Osten der Insel schließlich hat die Zukunft der mallorquinischen Eisenbahn begonnen, denn hier rollen auf neu gebauten Gleisen hochmoderne und vollklimatisierte dieselelektrische Triebzüge im Taktverkehr. So wie hier könnte es bald auch auf anderen Strecken aussehen, denn die Eisenbahnen Mallorcas haben ehrgeizige Ausbaupläne.

Wer Mallorca mit dem Zug entdecken möchte, sollte Zeit und Neugier mitbringen. Denn links und rechts der Eisenbahnen harren wunderschöne Landschaften und zahlreiche Sehenswürdigkeiten der Entdeckung. Dieses Buch zeigt Mallorca von einer ganz neuen Seite. Steigen Sie ein und fahren Sie mit – es lohnt sich!

München, im Februar 2004
Klaus-J. Vetter

Mallorcas Vielfalt: Mit der Bahn und auf den Spuren der Bahn

Cap de Formentor
Cala Sant Vicenç
Cala Pi
Badia de Pollença
Port de Pollença
Cap del Pinar
Pollença
Mal Pas
Peña Rotja 444
Puig Roig 1348
Sa Calobra
Torrent de Pareis
Tomir 1103
Puig de Santa Maria
Alcúdia
Aucanada
Lluch
Puig Major 1445
Massanella 1348
Port d'Alcúdia
Badia d'Alcudia
Port de Sóller
E. de Cuber
E. de Gorg Blau
Las Gaviotas
Campanet
S'Albufera
Cala Deià
L'Ofre 1091
Caimari
Sa Pobla
Can Picafort
Na Foradada
Sóller
Moscari
Deià
Mancor de la Vall
Selva
Teix 1064
Orient
Alfabia
Muro
Port de Valldemossa
Valldemossa
Lloseta
INCA
Son Serra
Ferrutx 500
Alaró
Llubí
Banyalbufar
Sierra de
Bunyola
Binissalem
Empalme
Maria de la Salut
Sta. Margalida
Sierra
Estellencs
Esglaieta
Consell
Esporles
Palmanyola
Santa Maria del Cami
Sencelles
Sineu
Ariany
Galatzó 1025
Puigpunyent
Son Sardina
Son S
Sa Dragonera
Santa Eugènia
Ruberts
Sant Llorenç
Pont d´ Inca
La Cabañeta
Petra
Sant Elm
Andratx
Capdellà
Sant Joan
S'Arracó
Calvià
PALMA
Port d´Andratx
Camp de Mar
Peguera
Gènova
Montuiri
El Molinar
Algaida
Ermita de la Pau
Vilafranca de Bonany
MANACOR
Cala Major
Coll d'en Rebassa
AEROPUERTO DE SON SANT JOAN
Costa de la Calma
Portals Nous
Santuari de Ntra. Sra. de Cura
Randa
Can Pastilla
Las Maravillas
Porreres
Son Macià
Santa Ponça
Palma Nova
Platja de Palma
Magaluf
El Arenal
Llucmajor
El Toro
Cala Blava
FELANITX
Cal
Portals Vells
Santuari Sant Salvador
Sierra de Llevant
Cala
Cap de Cala Figuera
Badia de Palma
Cala M
Castell de Santueri
Badia Gran
Campos
Portoc
S'Horta
Alqueria Blanca
Cala Ma
Calonge
Cala Pi
Estanyol
Sa Ràpita
Cala d'Or
Cap Blanco
Portopetro
Vallgornera
Ses Covetes
Salinas de Levante
Santanyi
Cala Mondrago
Platja Es Trenc
Ses Salines
Llombarts
Cala Figuera
Cala Santanyi
Colònia de Sant Jordi
Cala Llombarts
Cap de ses Salines

Streckennetz der Eisenbahnen auf Mallorca

Fett eingezeichnet sind die Hauptlinien Palma – Sóller, Palma – Inca – Sa Pobla und die wieder reaktivierte Strecke Empalme – Manacor. Dünn die ehemaligen Strecken gen Osten

Inhalt

Mallorca

Ein Eisenbahnparadies?

Eine Einführung

Zunächst mag die Überschrift zweifelndes Kopfschütteln auslösen, dennoch: Als Eisenbahnfreund kommt man gerade hier auf seine Kosten. Geschichte und Gegenwart, Nostalgie und Moderne, traumhafte Landschaft. Ja, Eisenbahnparadies Mallorca!

Gewiss, da gibt es eine urige Straßenbahn, die zwischen der Stadt Sóller und ihrem Hafen an der Nordwestküste hin und her pendelt. Und vielen Besuchern ist auch der „Rote Blitz“ zwischen der Inselmetropole Palma und Sóller ein Begriff, immerhin fährt diese elektrische Schmalspurbahn seit 1929 mit weitgehend unveränderten Lokomotiven und Waggons durch die malerische Berglandschaft der Serra de Tramuntana. Doch dass diese beiden Verbindungen gerade mal zehn Prozent des einstigen mallorquinischen Eisenbahn-Streckennetzes ausmachen, dass hier drei verschiedene Zugsysteme Stück um Stück verlorenes Terrain zurückerobern und dass sich auf der größten Insel der Balearen aktiv im Einsatz stehende Fahrzeuge aus fast acht Jahrzehnten begegnen – das wissen vielleicht nicht alle Eisenbahnfreunde, die einmal einen Urlaub auf Europas beliebtester Ferieninsel verbracht haben.

Dabei nähert sich Mallorcas Eisenbahn-Geschichte ihrem 150. Geburtstag: Schon 1856 wurden ersten Pläne für eine Eisenbahnstrecke ins Hinterland von Palma veröffentlicht – allerdings sollte damals Bunyola Endstation werden, an die Überwindung des großen Gebirges wagte man

Auf den Inca-Strecken geht es modern zu. Der Fahrdienstleiter regelt den Verkehr im Bahnhof

„Systemwechsel“ in Sóller: Rechts der „Rote Blitz“, der an diesem September-Spätnachmittag bald wieder seine Rückfahrt nach Palma antreten wird; links wendet die Straßenbahn von Porto Sóller.

4
4

Alt und neu treffen aufeinander: Blick vom neuen Hochbahnsteig der Inca-Linien in Palma vorbei am alten Empfangsgebäude auf den Bahnhof der Sóller-Bahn

Farbenfroh: Doppeleinheit mit Triebwagen in altem (links) und neuem Farbkleid vor dem Tramuntana-Gebirge

sich noch nicht heran. Zur selben Zeit konkretisierten sich die Überlegungen, die Städte Inca, Port d'Alcúdia, Manacor und Felanitx mittels Schienenstrang an Palma anzuschließen: Damit schuf man die Grundlage des später realisierten Netzes. Dazu kamen unzählige Projekte, von denen viele wieder in den Schubladen verschwanden – manche davon finden sich allerdings heute in den Ausbauplanungen der Inselregierung wieder.

1873 begannen die Bauarbeiten auf der Insel. Es sollte ein Netz in der Spurweite von 914 Millimeter – exakt einem englischen Yard – entstehen, das in seiner Blütezeit um die Mitte des vergangenen Jahrhunderts eine Gesamtausdehnung von 260 Kilometer erreichte. Der erste Abschnitt, der 1875 in Betrieb ging, war die heutige Hauptstrecke Palma – Inca. Drei Jahre später fuhren die Züge schon weiter nordwärts nach Sa Pobla, im Jahr darauf auch nach Manacor am Ostrand der Inselebene.

Diese Strecken baute und betrieb – wie auch die 1897 eröffnete Verbindung nach Felanitx – die staatliche Eisenbahngesellschaft. Daneben formierte sich die private Gesellschaft „Ferrocarril de Sóller", die 1907 mit der Realisierung der Bahnlinie nach Sóller begann. Nach fünf Jahren Bauzeit fand die feierliche Eröffnungsfahrt statt: Der Schienenweg für den heutigen „Tren Turistico" war gelegt. Ein Jahr folgte die Straßenbahn-Anbindung zum Hafen von Port de Sóller. Mit der Elektrifizierung der Hauptstrecke im Jahre 1929 sowie der Beschaffung von vier elektrischen Triebwagen begann ein weiterer Abschnitt der mallorquinischen Eisenbahngeschichte, die bis ins neue Jahrtausend ohne einschneidende Veränderungen am Fahrzeugpark oder an der Strecke andauern sollte.

Düstere Idylle: Gewitterstimmung in Son Sardina; der Zug hat in wenigen Minuten Palma erreicht

Schönster Unterwegsbahnhof zwischen Palma und Sóller ist Bunyola am Fuße des gleichnamigen, beschaulichen Ortes; die Drehscheibe im Vordergrund dient Bahndienstfahrzeugen

Der „Rote Blitz“ zwischen Bunyola und Palma

Werktags dienen die Triebwagen zwischen Palma und Inca (weiter nach Manacor oder Sa Pobla) vor allem dem Berufsverkehr; abendliche Doppel-Einheit bei Consell

Güterumladung in Palma

Die Entwicklung des übrigen Streckennetzes war da schon wechselvoller: In der ersten Hälfte des 20. Jahrhunderts erreichten die Züge erstmals Santanyi (1918) und Artà (1921), während man die verkehrsreiche Strecke Palma – Inca zweigleisig ausbaute. Auch in Palma entstanden mit der 1916 in Betrieb genommenen Stadtstraßenbahn und der 1932 eröffneten Stichstrecke zwischen Bahnhof und Hafen neue Schienenwege. Doch schon in den 1950er-Jahren begann der Rückzug der Eisenbahn von der prosperierenden Ferieninsel: 1959 ratterten die letzten Straßenbahnwaggons durch die Hauptstadt, und 1965 – nicht einmal 50 Jahre nach der Eröffnung – standen auch die Signale Richtung Santanyí endgültig auf Rot. Mit dem Streckensterben aufgrund des stetig zunehmenden Individualverkehrs

Ein anderes Mallorca: Im „Tal der Orangen" oberhalb Sóllers zieht sich die Bahn in mehreren abenteuerlichen Schleifen in die Höhe, um das Alfàbia-Gebirge zu überwinden

Komfort war bereits mit Anlieferung der elektrischen Triebwagen in den 1920er-Jahren des letzten Jahrhunderts groß geschrieben; die Innenausstattung des Triebwagens (Bild) kann heute zwar nicht mehr ganz mit dem Luxus der ersten Dienstjahre mithalten, hebt sich jedoch auch heute mit seiner „1. Klasse" noch deutlich von der billigeren „Holzklasse" der Wagen ab

Spurensuche in der Ebene vor dem Tramuntana-Gebirge: Kurz hinter Santa Maria zweigte früher die Linie nach Felanitx ab, die längst abgebaut wurde. Der Bahndamm ist heute noch auszumachen; er unterquert die parallel verlaufende Landstraße und zieht sich dann gerade gen Südosten. Die zweiteilige Triebwagengarnitur weist 2001 noch komplett die alte, blau-weiße Lackierung auf, die seit 2003 mehr und mehr einem freundlichen Gelb-Rot zum Opfer fällt

Nur einmal trifft ein mallorquinischer Schienenweg auf das Meer – in Porto Sóller, wo die kleine Straßenbahn den letzten halben Kilometer ihres vier Kilometer langen Weges vom Stadtzentrum zum Hafen am Wasser entlang fährt. Die Tram ist die größte Touristenattraktion des Orangentales rund um Sóller

schlitterte die staatliche Eisenbahngesellschaft „Ferrocarriles de Mallorca" weiter in die Krise:

1967 endet der Gütertransport auf staatlichen Schienen, und ein Jahr später wurde die Strecke nach Felanitx stillgelegt. Knapp zehn Jahre sollte es noch dauern, bis die letzte der drei großen Nebenstrecken, die Verbindung Inca – Manacor – Artà, offiziell aus technischen Gründen gesperrt wurde. Damit war das einst so umfangreiche Netz auf bescheidene 29 Kilometer Länge geschrumpft.

Auch zwischen Palma und Inca rückten Ende der 1970er-Jahre die Bagger an – diesmal jedoch nicht, um die Gleise dauerhaft zu entfernen, sondern um sie umzuspuren: Die Strecke, die in vor allem dem Berufsverkehr im Großraum Palma dient, sollte erhalten bleiben, doch die inzwischen unpopulär gewordene Spurweite verhinderte den günstigen Ankauf von gebrauchten Fahrzeugen. Mit der Eröffnung des ersten 1000-Millimeter-Gleises zwischen Palma und Inca (1981) nahmen dann „neue" Dieseltriebwagen, die man vom spanischen Festland übernahm, den Betrieb auf: Sie standen zuvor bei der Bahngesellschaft Feve im Einsatz und ähneln den in Deutschland bekannten „Esslinger Triebwagen". Dieser Innovation fiel jedoch der nicht umgespurte Restabschnitt bis Sa Pobla zum Opfer: Er wurde zeitgleich

Auf den Erhalt und die Rekonstruktion der alten Bahnhofsgebäude hat die Regierung der Balearen Wert gelegt; bei der Reaktivierung von Strecken war es sogar die EU, die Fördergelder zur Verfügung stellte. Oben der Bahnhof von Santa Maria, unten der ehemalige Lagerschuppen von Inca; rechts dahinter die neue Bahnsteigüberdachung

Neubaustrecke: Obwohl zwischen Inca und Sa Pobla bereits seit 1878 Züge fahren, musste die Strecke im Zuge der Reaktivierung Ende 2000 quasi neu aufgebaut werden – die Vergrößerung der Spurweite von 914 mm auf 1000 mm und die desolate Trasse machten einen Neubau erforderlich. Seit Anfang 2001 sind die Triebwagen nun wieder östlich von Inca im Einsatz, und seit Mai 2003 wird der Abschnitt Inca – Empalme, an dem das obere Bild entstand, nun auch von den Zügen der ebenfalls reaktivierten Strecke Empalme – Manacor genutzt. Die Bahnhofsgebäude wurden auch hier großteils mustergültig restauriert – und dennoch fühlt man sich, wie in Muro (kleines Bild), eher an eine S-Bahn erinnert. Da muten die erhabenen Lettern des „Ferrocarril de Sóller" (rechtes Bild) schon nostalgischer an!

als letzter stillgelegt und später weitgehend abgebaut.

Knapp 40 Jahre nach Beginn des Rückzuges vom Schienenverkehr setzte in den 1990er-Jahren eine erfreuliche Kehrtwende ein: Der Tourismus-Boom und der damit immer unerträglichere Individualverkehr führten zu überfüllten Straßen und großen Umweltbelastungen, die sich mit dem steigenden Anspruch an eine grüne Ferieninsel nicht in Einklang bringen ließen. Mallorca begann, wieder auf die Bahn zu setzen. Am 13. Januar 1994 gründete man die öffentliche Gesellschaft „Serveis Ferroviaris de Mallorca" (SFM), und zwar per königlichem Dekret. Inca ist inzwischen zweigleisig auf 1000-mm-Spurweite erreichbar, der Bahnhof von Palma wurde vollständig umgestaltet, die Bahnanlagen der Unterwegsstationen werden renoviert.

Neue Dieseltriebwagen mit 100 Stundenkilometern Höchstgeschwindigkeit ersetzen die alten „Esslinger", und am 6. Januar 2001 fuhr – nach 20 Jahren „Betriebsruhe" – wieder ein Zug nach Sa Pobla. Schon zweieinviertel Jahre folgt der nächste Grund zu feiern: Im Mai 2003 erlebte die Strecke nach Manacor ihre Wiedereröffnung – ebenfalls mit neuen 1000-Millimeter-Gleisen, im Vergleich zur vorangegangenen Ausbaustrecke jedoch mit deutlich mehr Investitionen. Diese flossen nicht zuletzt in den Wiederaufbau der alten Bahnhofsgebäude, die sich nun in neuem Glanz präsentieren. Die Verlängerung nach Artà wird nicht lange auf sich warten lassen.

Und der Ausbau soll weitergehen: Nicht die Reaktivierung alter Strecken stehen ganz oben auf der Agenda, sondern richtige Neubauprojekte: Zum Flughafen von Palma, zur Universität, zur Cala Millor oder nach Alcúdia. Geht der Ausbau des Schienennetzes wirklich im derzeitigen Tempo weiter, dann wird es wohl bald an seine einstige Ausdehnung herankommen. Auch wenn die neuen Schienenstränge mit der Romantik der Eisenbahn von einst nichts mehr gemein haben: Sie sichern den Schienenverkehr der Insel für das laufende Jahrhundert. Doch auch wer's nostalgisch liebt, findet ein reiches Betätigungsfeld – sei es im 75 Jahre alten „Roten Blitz" und der anschließenden Tramstrecke, sei es auf „eisenbahnarchäologischer" Spurensuche im Südosten Mallorcas. Wenn das kein Eisenbahnparadies ist?

Portugiesisches Stelldichein vor dem Straßenbahn-Depot von Sóller: Die Wagen 20, 22 und 24 stammen aus Lissabon und kommen vor allem im Sommer zum Einsatz, während die orangen Tram-Veteranen mit niedrigen Betriebsnummern ganzjährig den Zubringer von Sóller zum gleichnamigen Hafen sicherstellen

Die Bahn kommt wieder – auf Mallorca wird seit der Jahrtausendwende ein neuer Streckenabschnitt nach dem anderen eröffnet. Im Mai 2003 erreichten die gelb-rot lackierten Triebwagen erstmals seit über 20 Jahren wieder Manacor, und auch der Restabschnitt nach Artà, der sich 2002 noch recht verwahrlost zeigt (kleines Bild), könnte bald im Ein-Stunden-Takt bedient werden

Wo heute ein künstlicher See liegt, fuhren früher Züge: Am Fuße des Wahrzeichens von Palma, der Kathedrale La Seu, war einstmals reger Schienenverkehr zu beobachten, der durch einen Tunnel vom Bahnhof hinunter zum Hafen geführt wurde. 1967 wurde der Betrieb hier nach 36 Jahren eingestellt.

Auf den Spuren von

Tram & Tunnel

Bahnknotenpunkt Palma de Mallorca

Palma ist anders als sein Ruf. Bettenburgen und Ballermann? Nein, es gilt, eine Stadt zu entdecken mit viel Flair und mit großer Vergangenheit – auch Straßenbahn- und Eisenbahnvergangenheit.

In der „Unterwelt" der Ciutat, wie die Mallorquiner ihre Hauptstadt nennen, gibt es Interessantes zu entdecken: zum Beispiel die Spuren einer unterirdischen Bahnstrecke im dritten Geschoss der Parkgarage unter der Markthalle an der Plaça Olivar (in Form zweier zugemauerter Tore). Ähnliches zeigt sich Wissenden auch im Parkhaus unter der zentralen Plaça Major, dort allerdings in der vierten unterirdischen Etage. Selbst die beiden Hauptportale dieser am

So sah es in Palma im November 1930 aus

5. Februar 1931 eröffneten „U-Bahn" sind noch zu sehen: Das eine befindet sich in der alten Hafenmauer östlich der Kathedrale La Seu (direkt vor dem großen Teich des Parc de la Mar, der in der Zwischenzeit davor angelegt wurde) – der barock anmutende Torbogen birgt die schräg von rechts auslaufende, aber heute zugemauerte Tunnelöffnung und auf der linken Seite den Ausgang einer Fußgängerunterführung. Der andere Schlund klafft unterhalb des Carrer Marquès südöstlich des Bahnhofs der Strecke Palma – Inca/Sa Pobla: Seine erst später angelegte, schräg abwärts führende Zufahrt war lange Zeit verwachsen und mit Schutt bedeckt, wurde aber im Zuge der Neugestaltung des nahen Busbahnhofs mit neuen Seitenmauern versehen und asphaltiert. 36 Jahre lang rollte der Güterverkehr auf diesem 2,1 Kilometer langen Schienenweg unter dem Stadtzentrum durch zum Hafen.

Sein Vorgänger geht auf das Jahr 1874 zurück: Der damalige Bürgermeister der Inselhauptstadt, Eusebi Estada, hatte den Bau der ersten Bahnlinie quer durch die Stadt durchgesetzt. Die 3,4 Kilometer lange Strecke folgte dabei zwei historisch vorgegebenen Routen: dem Ring jener breiten Straßen, die entlang der 1904 abgerissenen Stadtmauer entstanden, und dem Band der heutigen Flaniermeilen, die man im einstigen Bereich des Torrent de sa Riera anlegte: Im Jahre 1403 hatte der „Stadtfluss" halb Palma überschwemmt, wobei angeblich 5000 Menschen zu Tode kamen und 1500 Häuser zerstört wurden. Nach dieser Katastrophe ging man an die Verbauung des ansonsten meist ausgetrockneten Wasserlaufes und verlegte ihn dabei ein Stück nach Westen – an seiner Stelle entstand eine Schneise prächtiger Boulevards, die schon auf dem ersten, anno 1644 gezeichneten Perspektivplan der Stadt deutlich zu sehen sind.

Ein Spaziergang entlang der verschwundenen Bahnlinie ist auch heute noch sehr lohnend: Der Schienenstrang begann im Bereich des heutigen Bahnhofsgeländes, das, von Hochhäusern überragt, mitten in Mallorcas Metropole liegt, sich zur Zeit der Eisenbahnpioniere jedoch am Stadtrand befand. Schräg gegenüber der Plaça d'Espanya beschrieb die Bahntrasse eine scharfe Rechtskurve und folgte dann dem geschwungenen Lauf des breiten Straßenrings, auf dem nun die Verkehrslawine rund um die Altstadt tobt (Avinguda Joan March, Avinguda Comte de Sallent, Avinguda d'Alemanya). Vor dem heutigen Institut Ramón Llull bog sie links ein und führte zum Passeig de la Rambla, wo noble Schaufenster und viele Blumenstände von prächtigen Platanen beschatten werden. Vor der Treppe zur Plaça Major und dem Teatre Principal ging es nach rechts, vorbei an der bekannten Bäckerei „Forn des Teatre" und dem prächtig renovierten Jugendstil-Schmukkstück des einstigen Gran Hotels Weyler (Fundació La Caixa), das noch an die Anfänge des (Qualitäts-)Tourismus erinnert. Über die Plaça del Mercat und den Carrer Unió gelangt man zur heutigen Plaça Rei Joan Carles I., auf dem ein orgineller Brunnen mit vier steinernen Schildkröten plätschert. Dort folgte eine scharfe Biegung nach links, nach der die Schienen über den ebenfalls begrünten Passeig des Born zur Plaça de la Reina führte (hier mündete von

Tor zum Eisenbahn-Tunnel zwischen Hafen und Bahnhof

Links: Alte Ansicht vom Hafen Palma mit Straßenbahn

Unten: Längst stillgelegt – die Stadt-Straßenbahn von Palma

links – aus dem Carrer Conquistador – eine Straßenbahnlinie vom Rathaus her ein). Schließlich zogen die Schienen über die Avinguda Antonio Maura zur großen Hafenmole hinaus, vorbei an der grünen Oase der Jardins de s'Hort del Rei (Gärten des Königs) unter dem ursprünglich arabischen Almudaina-Palast.

Der südwestliche Hafenbereich von Palma, Porto Pí, war übrigens auch einmal mit einem Schienenweg erschlossen: Schon um 1890 verband ihn eine Industriebahn mit den großen Steinbrüchen oberhalb von Gènova, wobei sie den bewaldeten Berg, auf dem das Castell de Bellver thront, nördlich über Son Dureta umrundete. Ihre Trasse besteht noch abschnittsweise, und auch einzelne Gebäude- und Brückenreste sind noch zu finden. Beim Rückweg könnten Sie im Gewirr der Innenstadtstraßen dem – ungefähren – Verlauf des Eisenbahntunnels folgen. Den besten und schönsten Ausgangspunkt bildet die ab 1230 erbaute Kathedrale von Palma, die ohnehin bei jedem Stadtbummel auf dem Programm stehen sollte: Die Lichtverhältnisse in ihrem Inneren wechseln, nicht zuletzt wegen ihrer berühmten, fast 100 Quadratmeter großen Fensterrosette, von Stunde zu Stunde. Auf der Südseite des gewaltigen gotischen Gotteshauses, direkt vor der alten Stadtmauer, steuert man dann auf dem Carrer Mirador das Museo Diocesano an. Davor wendet man sich nach links und geht auf der rechten der beiden Gassen (Carrer Palau) stadteinwärts. Wenn Sie dann rechts auf den Carrer Sant Pere Nolasc einschwenken, erreichen Sie kurz darauf jenen Bereich, unter dem sich der Tunnel befand. Hier biegen Sie links in den Carrer Morey ab: Er führt zur Kirche Santa Eulalia, einer weiteren sakralen Sehenswürdigkeit (davor lohnt sich links der kurze Abstecher zu einem der letzten arabischen Baurelikte, einem später überbauten Torbogen). Rechts an der Kirche vorbei leitet Sie der Carrer Sant Crist weiter, dann geht es auf dem Carrer Carnisseria zur Plaça Coll, auf der ab 1890 die ersten, von insgesamt 28 geduldigen Maultieren gezogenen Straßenbahnen losfuhren: Die Sociedad Mallorquina de Tranvías bediente schon damals Strecken bis in die südwestlichen Stadtteile Santa Catalina und El Terreno. Von ihrem oberen Bereich geht es rechts zum Carrer Sindicat: Wir verlassen die quirligste Einkaufsstraße der Stadt jedoch schon nach wenigen Schritten, um links durch den Torbogen zur Plaça Major zu gehen. Durch eines der beiden Tore in der rechten Fassade gelangt man zum Carrer Rubí, dem man nach links folgt, wo er sich nach einer Biegung im Carrer Sant Miquel fortsetzt. Dieser führt – vorbei am Kunstmuseum Fundació March – zur Kirche Sant Miquel, bei der man die Plaça Mare de Deu de la Salut nach rechts überquert. Schwenken Sie dann links in den Carrer Josep Tous i Ferrer ein und biegen Sie kurz danach links zur Markthalle an der Plaça de l'Olivar ab. Vorbei am Convent Caputxins erreicht man schließlich wieder die Plaça d'Espanya mit dem Reiterstandbild König Jaumes I – jenseits der Avingudas landen Sie wieder bei den beiden Bahnhöfen.

1916 nahm die dampfbetriebene Straßenbahn von Palma ihren Rauch prustenden Betrieb auf. Um 1929 wurden die Linien elektrifiziert; die Feinmechanik dafür kam aus dem Hause Siemens. Mitte der 1950er-Jahre hatten die städtischen Gleise schon den nördlichen Vorort Establiments erreicht; westwärts zogen sie bis Bendinat und nach Osten zum Strand von S'Arenal. Bis zu 35 zweiachsige Zweirichtungstriebwagen standen damals im Einsatz.

Doch schon in den 1960er-Jahren – parallel zur Entwicklung des Massentourismus – kam das Aus: Die Schienenfahrzeuge verschwanden rasch aus dem Stadtbild und machten Autobussen Platz. Auch die Bahnlinie nach Santanyí musste dem vermeintlichen Fortschritt 1964 weichen – nicht zuletzt auch deshalb, weil man ihre Trasse der Vergrößerung des Flughafens opferte.

Doch es soll ein Comeback geben: Um Palmas ausufernde Verkehrsprobleme (mehr als 800 gemeldete Autos auf 1000 Einwohner – das entspricht der höchsten Pkw-Dichte Spaniens!) in den Griff zu bekommen, sehen jüngste Planungen eine neue ringförmige Innenstadt-Straßenbahn vor, aber auch Bahnverbindungen zum Flughafen und zur Universität bei Palmanyola im Norden der Metropole. Im Zuge der Verschönerung und Neugestaltung der Strandbereiche soll zudem eine Metrostrecke nach S'Arenal gebaut werden – und gleich auch eine weitere Bahnlinie über Santa Ponça bis Port d'Andratx, womit die Tourismus-Hochburgen rund um Palma miteinander verbunden wären (Letztere hatte man bereits 1918 angedacht, allerdings über Gènova, Calvià und Es Capdellà – zwei Tunnels inklusive). Auch von einer neuen Straßenbahn zwischen S'Arenal, Can Pastilla und dem Flughafen ist die Rede.

Oberhalb Sóllers, im Tal der Orangen, liegt das bekannteste und imposanteste Bauwerk der Strecke Palma – Sóller: Das Monreals-Viadukt.
Obwohl die Fahrgäste von hier aus Sóller schon sehen können, wird es noch fast 15 Minuten dauern, bis ihr Zug sich die Serpentinenstrecke hinab ins Tal geschlängelt hat

Der „Rote Blitz“

Palma – Sóller
Vitamine als Verkaufsschlager

Bei Touristen ein Renner: der „Rote Blitz“. Ein wunderschöner Streckenverlauf, der nostalgische Fahrzeugpark und ein interessanter Zielbahnhof – hier kommen Eisenbahnfreunde auf ihre Kosten.

So viel Zeitlupe! 27,6 Kilometer in einer Stunde Fahrzeit – nein, das Anrecht auf Blitzgeschwindigkeit erwirbt man mit der Fahrkarte für den „Roten Blitz“ keinesfalls. Nicht einmal rot ist er wirklich: Die Elektroloks und Waggons, die auf der Strecke von Palma in die nördlich gelegene Stadt Sóller verkehren, präsentieren sich im dunkelbraunen Holzlook. Aber ihr Innenleben: Im 1.-Klasse-Abteil hinter dem Führer-

Am Viadukt von Montreals kontrollieren Ingenieur Garau und einige Techniker die Ausführung der Arbeiten. Rechts im Bild die Lokomotive María Luisa mit einem Baumaterialzug

Wie beschaulich wirkt die alte Ansicht des Sóller-Bahnhofes in Palma, wenn man ihn mit der aktuellen Situation (unten) vergleicht: Palma erstickt im Straßenverkehr – mit ein Grund, weshalb zahlreiche Nah- und Regionalverkehrsprojekte wieder ganz auf die Schiene setzen

haus überraschen salonartig angeordnete und weich gepolsterte Lederfauteuils, Mahagoni-Wandtäfelungen mit orangeroten Bordüren, elegante Gepäcknetze aus cottofarbenem Garn sowie Messingleuchten, deren warmes Licht in ständig leicht wechselnder Intensität erstrahlt. Aber auch die einfachen Holzbänke in den Abteilen 2. Klasse bezaubern mit altehrwürdiger Patina. Selbst der Schaffner bläst zur Abfahrt nicht etwa in eine simple Trillerpfeife: Nach drei Zügen am Glockenstrang ertönt der Klang eines Messinghorns.

Dabei transportierte die Bahn ursprünglich vor allem Gemüse, Oliven – und Orangen: Als im 19. Jahrhundert die lebenswichtige Wirkung des Vitamins C erforscht wurde, stieg die Nachfrage nach Zitrusfrüchten rasant an. Nun gedeihen im „Tal des Goldes", dem vor Wind und Wetter geschützten Becken von Sóller, bis heute unstreitig die besten Orangen weit und breit – doch sie mussten umständlich per Schiff oder mit dem Eselkarren über den Coll de Sóller (496 m) nach Palma transportiert werden. Das dauerte bis zu einer halben Woche und war vor allem im Winter, der Haupterntezeit der Früchte, mitunter nicht ungefährlich. Also schritten der Geschäftsmann Jeroni Estades und andere finanzkräftige Kaufleute im Jahre 1904 zur Tat und gründeten die private Eisenbahngesellschaft „Ferrocarril de Sóller" (FS). Sie begannen mit einem Kapital von 3,5 Millionen Peseten, das man aus dem Verkauf von 7000 Aktien lukrierte – jeder Sólleric, der auf sich hielt, wurde zum Teilhaber. Ab dem 16. April 1912 rollten vier aus England importierte Dampfloks, zehn Personenwagen (1., 1./2. und 2. Klasse) und 24 Güterwagen durch Mallorcas großes Gebirge, vorbei an 14 Stationen. Bei der feierlichen Eröffnung blickten die Honoratioren der FS nicht nur stolz auf die nur drei Jahre lange und dementsprechend intensive Bauzeit zurück, sondern auch auf verschiedenste alternative Strecken-Ideen: Als einer der Ersten ersann Pere d'Alcantara Pena (unter dem Pseudonym Pep d'Aubena) Schienenwege von Alaró, Lloseta oder Santa Maria del Camí über die Serra de Tramuntana – Letztere hätte durch den wilden Torrent de Coanegra und über Orient geführt. Im Museum

Lokomotive Nr. 1 der FS, getauft auf den Namen Sóller

von Sóller ist ein erster konkreter Plan aus dem Jahre 1893 von Salvador Medir zu sehen: Er skizziert einen fast 50 Kilometer langen Schienenweg von Palma über Establiments, Esporles, Valldemossa und Deiá. Andere träumten von einem Tunnel zwischen Esporles und Estellencs und der Weiterführung über Banyalbufar. Man stelle sich vor: Rauch prustende Dampfloks hoch über der Costa Nord, ein Blick aus dem Waggonfenster zur durchlöcherten Felshalbinsel Sa Foradada, Bahnhofsatmosphäre vor der Kartause von Valldemossa oder unter der Bergkirche von Deià ...

Zuletzt stellte sich nur Pere Garaus Streckenkonzept von 1904 als realisierbar heraus, und zwar mit einer Spurweite von einem englischen Yard (91,44 cm). Die Bahnlinie war immerhin um 3,8 Kilometer kürzer als die Passstraße, die mit unzähligen Kurven über den Coll de Sóller führte (dies sollte sich erst mit der Einweihung des Straßentunnels ändern). Zwischen 1926 und 1929 erhielt der „Rote Blitz" einen Modernisierungsschub, und zwar mit einer 1200-V-Stromvesorgung und vier vierachsigen Zweirichtungs-Triebwagen der Gattung AABFHV (360 kW, 33 t, 50 km/h), deren elektrischer Teil von Siemens stammte. Bald darauf entwickelte sich der „Rote Blitz" zu einer wahren Touristenattraktion. Die zehn Personenwagen wurden zwischen 1965 und 1997 generalüberholt und in reine 2.-Klasse-Wagen umgebaut. 1978 kamen fünf weitere Waggons dazu. Die drei im Einsatz stehenden Gepäckwagen baute man 1931 nach Plänen aus den USA. Dieser Fuhrpark wird bis heute liebevoll gepflegt. Die Bahn nach Sóller gilt übrigens als eines der sichersten Verkehrsmittel der Insel: 90 Jahre lang war sie ohne den geringsten Unfall unterwegs. Erst im Jahre 2001 passierte es: Bei einem Wendemanöver im Bahnhof Palma stieß eine Zuggarnitur gegen einen einzelnen

Das Portal zur Eisenbahn-Nostalgie: Schmiedeeiserne Beschriftung des Ausgangspunktes für den „Roten Blitz", wie die Züge nach Sóller genannt werden

Straßen-Bahn: Einfahrt nach Palma – auf der Straße (Eusebi Estada), aber großteils mit eigener Trasse

In Palma geht es sehr beengt zu: Der Bahnhof – hinter dem Lokschuppen – mit seinem Ausweich- und seinen Rangiergleisen liegt inmitten der Stadt und wurde in den vergangenen Jahrzehnten von allen Seiten mit Häusern und Parkplätzen zugebaut. Diesem Ausbau fiel in den 1950er-Jahren auch die alte Drehscheibe zum Opfer, die westlich der Ausfahrt lag

Insbesondere für den „Tren turistico“, der vormittags Palma verlässt und als einziger planmäßig am Aussichtspunkt oberhalb Sóllers mit Blick auf das Tal hält, heißt es Anstehen für den Fahrkartenkauf. Die Plätze sind oft für größere Reisegruppen vorbestellt

Zwischenhalt in Son Sardina. Um den zunehmend verwahrlosten Bahnhof nicht weiter verkommen zu lassen, hat sich eine eigene Interessengruppe aus Eisenbahnfreunden in Palma gebildet. Der Haltepunkt wird vor allem genutzt, um größere Reisegruppen außerhalb des Verkehrsgewühls von Palma ein- und aussteigen zu lassen; Einheimische nutzen die Bahn kaum, wie auch das kleine Foto – Blick in den Fahrgastraum 1. Klasse (Triebwagen) – zeigt

Waggon, fünf Passagiere kamen dabei mit blauen Flecken davon. Ein Kran stellte den 13 Tonnen schweren „Ausreißer" einfach wieder aufs Gleis.

Diese Schilderung soll Sie natürlich keinesfalls davon abhalten, im Bahnhofsgebäude nahe der Plaça d'Espanya in Palma ein Ticket zu lösen und in einen der alten Waggons einzusteigen. Mit einem leisen Ruck setzt sich der Zug in Bewegung und rollt zunächst mitten auf dem Carrer Eusebi Estada, den man – Sie erinnern sich – nach dem bereits erwähnten Bürgermeister und Bahnpionier benannt hat. Zwischen Siedlungen und Sportanlagen, aber auch vorbei an Müll und Bausünden verlässt man Mallorcas Metropole; nach dem Hipodromo und dem Außenbezirk La Victoria ziehen schon die Felder und Mandelplantagen des fruchtbaren Kulturlandes um Son Sardina an Ihnen vorbei. In diesem Abschnitt soll der Schienenstrang Verstärkung erhalten: Die Inselregierung plant den Bau einer eigenen Bahnlinie zur Universität der Balearen bei Palmanyola. Vergangenheit ist gottlob ein weitaus weniger erfreulicher Aspekt: Das verwachsene Gleis, das beim heutigen Picknikplatz Caubet abzweigt und gleich danach hinter einer Mauer verschwindet, führte in der Zeit des Spanischen Bürgerkriegs zu einem Waffenarsenal – von hier aus versorgte man italienische U-Boote, die in Port de Sóller stationiert waren. Halten Sie also besser Ausschau nach dem westseitig gelegenen (und gerade renovierten) Anwesen Raixa: Es ist auf jeden Fall einen halbtägigen Besuch wert, birgt es doch wunderliche Gebäude und parkartige Baumbestände um eine im-

Schon im Februar zeigt sich die Blüte auf Mallorca in ihrer ganzen Pracht – Triebwagen 2 nördlich Palmas auf der Fahrt durch üppige Natur

Ist Bunyola im Winterhalbjahr und abends ein einfacher Unterwegshalt für die Züge, so findet hier insbesondere in der Hochsaison reger Betrieb statt: Zugkreuzungen mit Sonderzügen, Busladungen an Touristen, die auf die Schiene umsteigen – im kleinen Bahnhof blüht dann das Leben. Bunyola ist die letzte Station, bevor der tunnel- und kurvenreiche Abschnitt über bzw. durch das Alfàbia-Gebirge beginnt

Anfang Januar ist die Vegatation noch im Winterschlaf. Das Alfàbia-Gebirge bildet die Kulisse für den nachmittäglichen Zug nach Palma, hier südlich von Bunyola

posante Freitreppe, einen eigenen „Hausberg“ und an seinem Fuß das größte Wasserbecken der Insel. In den Fenstern der linken Waggonseite nehmen nun auch die felsigen Ausläufer der Serra de Tramuntana Gestalt an: Es bleibt genug Zeit zum Bewundern des Puig de Son Poc, des Puig de Son Nasi und der Alqueria (auch Sa Gubia genannt), die sich wie eine mallorquinische Ausgabe der Drei Zinnen über dem Tal von Bunyola erheben.

Nach dem Halt im Bahnhof dieses recht ursprünglich gebliebenen Ortes unterbinden die ersten zwei von insgesamt 13 Tunnels kurzzeitig die Sicht auf Oliven-, Johannisbrot- und Mandelbäume. Sie stimmen auf eine längere Finsternis ein: Gleich hinter dem berühmten Garten von Alfàbia verschwindet die Bahn im 2.857 Meter langen Túnel Major. Drei Jahre lang, von 1907 bis

FERROCARRIL DE SOLLER
HORARIO DE TRENES
SALIDAS DE BUÑOLA
A PALMA
9'40
12'15
14'35
A SOLLER
8'26
11'08
13'26
15'40
Font Vella

BUÑOLA

Abendruhe in Bunyola

Zugkreuzung in Bunyola: Der planmäßige Zug begegnet einem der vielen in der Hochsaison zusätzlich eingelegten Sonderzüge, die meist von größeren Reiseveranstaltern komplett gechartert werden – und der privaten Betreibergesellschaft zusätzliche Erlöse verschaffen

Die Finca La Maniga, ein altes Herrenhaus unweit Bunyolas, bietet zwar nur vier Zimmer – doch die Bahnstrecke führt mitten durch das Grundstück. Nicht nur für Eisenbahnfreunde eine Idylle!

Ab Bunyola wird es gen Norden zunehmend hügeliger – die Ausläufer der Sierra de Alfàbia machen sich bemerkbar. Im Hintergrund die Spitze des Turms der Villa Francesca (siehe auch nächste Seite), die oberhalb der Bahnlinie thront

Noch zwei Fotos von Bunyola, ehe wir uns von der Südseite des Alfàbia-Gebirges verabschieden und der Bahnlinie in das Tal von Sóller folgen: Oben kurz vor dem Bahnhof bei Passieren der Villa Francesca, rechts ein Blick auf die in großem Bogen aus dem Bahnhof aus- und an der herrschaftlichen Villa vorbeilaufende Strecke

1910, bohrten sich die Bauarbeiter von beiden Seiten durch die mehr als 1.000 Meter hohe Serra de Alfàbia, unter der auch die Strecke ihre maximale Seehöhe von 238,8 Metern erreicht. Nun soll eine weitere Röhre dazukommen, ein rettender Fluchttunnel für den Fall unterirdischer Unfälle, der den Stollen der Bahnlinie mit dem parallel verlaufenden Straßentunnel verbindet. Das harte Stakkato der Metallräder hallt durch die feuchte Finsternis: Würde man konsequent von Palma bis Sóller mitzählen, käme man auf 2.225 mal „Tocktock" – jedes entspräche einem Schienenpaar à 12,40 Meter Länge.

Wenn es wieder hell wird, sollten Sie rechts sitzen: Die Felswildnis gegenüber der „Esplanada" könnte nicht wilder sein. Nach drei weiteren Unterführungen erblickt man plötzlich das Tal von Sóller – und mitten in ein atemberaubendes Tramuntana-Panorama bis hin zum Puig Major, dem höchsten Gipfel der Insel. Kein Wunder, dass die Bahn hier sogar über eine eigene „Aussichts-Station" verfügt: Am Mirador des Pujol d'en Banya hält der tägliche Tren Turístico (Abfahrt in der Sommersaison täglich um 10.40 Uhr in Palma) ausschließlich zur Freude der Fotografen. Sollten Sie im normalen Zug daran vorbeirattern: Man kann auch von Sóller heraufwandern; Startpunkt ist die Tankstelle an der Umfahrungsstraße.

Die Szenerie bleibt auch auf der restlichen Strecke eindrucksvoll, unterbrochen nur von weiteren Tunnels und angereichert mit Steinterrassen, Olivenhainen und friedlich grasenden Schafen. Freie Sicht gewährt auch die spektakulärste Brücke der Bahnroute, der 46 Meter lange Viadukt von Monreals, der

Ein Zug aus Sóller hat die Steigung bereits hinter sich gelassen und rollt nun über die Brücke des Torrent del Teix auf den Túnel Major zu

Mallorca ist die Insel der Schafe – es scheint Abermillionen zu geben und sie prägen das Bild der Insel noch stärker als die Touristen. Kurz vor Einfahrt in den Unterwegshalt Pujol d'en Banya muss der Zug einen Halt im Tunnel einlegen, da eine expeditionsfreudige Schafsgruppe den defekten Zaun zu einer kleinen Schienenwanderung nutzt. Als die Tiere in Sicherheit und der Zug im Haltepunkt steht, kann das Zugpersonal die Weiche umlegen, um den Gegenzug abzuwarten

den Torrent des cinc ponts mit hohen Steinbögen überspannt. In der langgezogenen Rechtskurve oberhalb der Küstenstraße sollten Sie, wenn es möglich ist, die Wagenseite wechseln, denn auf den folgenden zwei Kilometern leuchtet das Orangenstädtchen von links ins Abteil. Dann verbirgt ein letzter Tunnel die südliche Ortseinfahrt von Sóller, und schließlich stoppt der Zug in seiner zauberhaften Endstation: Das aus dem Jahre 1606 stammende Herrenhaus Can Mayol wurde 1911/12 zu einem Jugendstil-Bahnhof umgebaut; an seiner vorderen Mauer erinnert ein Gedenkstein an den Bahngründer Jeroni Estades. Über das bunte Gedränge auf dem Bahnsteig freuen sich nicht zuletzt die fast 100 Mitarbeiter der Bahngesellschaft: Diese lebt heute ausschließlich vom Tourismus (wenngleich der „Rote Blitz" nur wenige Wochen nach seinem neunzigsten Geburtstag von seinem Erfolgskurs ab- und in die roten Zahlen gekommen ist). Zu den fünf Zugpaaren, die laut Fahrplan pro Tag unterwegs sind, kommen oft noch einmal so viele, die von den mehr als 100 Reiseagenturen, mit denen die FS kooperiert, gebucht sind. Einer der vier Triebwagen steht stets zur Ausbesserung in der Werkstätte, doch die übrigen drei Garnituren sind zwischen 9 und 18 Uhr oft ständig unterwegs. Der Ansturm der Ausflügler wäre in den Bahnhöfen von Palma und Sóller gar nicht mehr zu bewältigen: Also kommen viele Reisegruppen per Bus nach Son Sardina, wo sie in die wartenden Sonderzüge einsteigen. Endstation ist für sie schon einen Kilometer vor Sóller – die Busse holen sie bei der „inoffiziellen" Haltestelle Can Tambor an der Hauptstraße wieder ab.

Einfahrt in den Pujol d'en Banya – im Hintergrund das Meer. Von hier hat man einen eindrucksvollen Blick in das Tal von Sóller und den gleichnamigen Ort – in dessen Bahnhof reger Zugverkehr zu beobachten ist: Im Schatten großer Bäume liegen die Bahnhofsanlagen mit den Lokschuppen der Bahn und Straßenbahnwagen im Depotvorfeld

Vom Aussichtspunkt oberhalb Sóllers aus windet sich die Bahn in zahlreichen Kurven und Tunnels nach unten hinab ins Tal. Sie überquert dabei die Brücke von Monreals, …

… unterquert den einen oder anderen Feldweg (im kleinen Bild der Wanderweg von Sóller nach Deià) und zieht sich …

*… an einer herrschaftlichen Finca
deutscher Besitzer vorbei …*

... bis in den Bahnhof von Sóller, der im Sommer eine grüne, schattige Oase darstellt und nur im Winter, wie hier Ende Dezember, von der Sonne erleuchtet werden kann

Triebwagen 2 hat in Sóller umgesetzt und wird für die Rückfahrt nach Palma vorbereitet

Klein: der Fahrkartenschalter von Sóller

Triebwagen 4 mit Zug rüstet sich für die knapp einstündige Fahrt nach Palma. Auch im Spätsommer sind die Züge fast immer voll

Der Bahnhof von Sóller, das älteste Bahnhofsgebäude Europas – es wurde im 17. Jahrhundert als private Villa errichtet und mit Eröffnung der Bahnstrecke in ein Empfangsgebäude umgebaut

Die Werkstätten der Bahn liegen in Sóller; hier werden die 1927 in Betrieb genommenen vier elektrischen Triebwagen gewartet, auch Unterhaltungsarbeiten am Wagenpark finden hier statt. Das Depot liegt auf gleicher Ebene wie das der Straßenbahn, die beiden Anlagen werden durch die Ausfahrtgleise des Bahnhofes getrennt

Zwei skurrile Gefährte gehören zum Fahrzeugpark der privaten Ferrocarriles de Sóller: Diese beiden umgebauten Straßenfahrzeuge stehen über 50 Jahre im Dienst der Eisenbahn und werden als Dienstdraisinen noch immer vorgehalten – und manchmal eingesetzt

Weihnachts- und Neujahresdekoration am Lokschuppen von Sóller

2

Sóller: Die Tram übergibt Fahrgäste an den Zug nach Palma

Der „Hafen-Express" nach

Porto Sóller

Wenn der Schaffner dreimal bimmelt

Sóller bieten viel, es ist eine lebendige Stadt in schöner Umgebung – und man kann dort einsteigen in eine zauberhafte Tram, die einen vom Bahnhofsvorplatz Sóllers direkt zum Hafen bringt.

Aus den „Jugendtagen" des Fahrzeugs – einzig deutlich sichtbarer Unterschied: der Stromabnehmer

Ist der „Rote Blitz" bereits eine Touristenattraktion, so lockt in Sóller ein weiteres Bahn-Unikum: der „Orangen-Express", der sein Dasein eigentlich einem Finanzierungstrick verdankt. Da der Staat einst nur für Bahnlinien ab 30 Kilometern Länge Subventionen lockermachte, ergänzte man den Schienenweg einfach mit einer 4,8 Kilometer langen Straßenbahn zum Hafen von Sóller. Ihre ältesten Waggons stammen aus Palma, wo ihre Vorgänger noch von Maultieren gezogen wurden. Einheimische und Touristen frequentieren die Dreiwagenzüge mit Begeisterung; vor allem die „Jardineras", die offenen Sommerwagen, stehen hoch im Kurs. Seit 1999 verstärken mehrere Zweiachser, die in Lissabon erworben und von 900 auf 914 mm Spurweite umgebaut wurden, den Fuhrpark; drei davon stehen nicht im Einsatz und dienen als rollendes Ersatzteillager.

So fährt die Straßenbahn seit 1913 mitten über die Plaça de sa Constitució, den Hauptplatz von Sóller: Es ist bis heute jedesmal ein Spektakel, wenn die Waggons vor der Modernisme-Fassade

Der Seeweg war bis zur Eröffnung der Eisenbahnstrecke die Hauptverbindung für den Gütertransport zwischen Sóller und Palma. Passagiere nutzten vor allem die Postkutschen über das Alfàbia-Gebirge. Blick in den Hafen von Porto Sóller – die Tram-Gleise und die Oberleitung sind deutlich zu erkennen

Wie beim „Roten Blitz", so hat sich auch bei der Trambahn seit Eröffnung der Strecke der Fahrzeugpark kaum verändert: einer der zweiachsigen Triebwagen, die auch heute noch auf der kurzen Strecke im Einsatz stehen, posiert auf der Strecke für den Fotografen

der Pfarrkirche zwischen Platanen, Schaufenstern und Cafètischen zur Plaça Mercat hinausrumpeln. Ab dem Stadtrand rollen sie durch einen der schönsten Bereiche im „Tal des Goldes“, wo sich die Garnituren bei einer Ausweiche auf halbem Weg kreuzen. Schon die Araber legten die Grundlagen für die herrlichen Gemüsegärten, Olivenhaine und vor allem für jene Orangenplantagen, die den Sóllerics einst Wohlstand und Reichtum brachten. Neben der Hauptstraße gelangt man schließlich zur großen und fast kreisrunden Bucht von Port de Sóller. In diesem geschützten Hafen ankerten einst Handelsschiffe aus Südfrankreich, auf denen man die begehrten Vitaminspender zum Festland transportierte. Unter Palmen stoppt die Straßenbahn nach etwa 30 Minuten am Passeig des Traves: Hier ist die einzige Stelle der Insel, an der Mallorcas Schienennetz mit dem Meer zusammentrifft. Vor dem kleinen Endbahnhof am Hafen, der noch aus der Gründerzeit stammt, starteten einst die Eilpostkutschen nach Palma. Heute räkeln sich auf dem Sandstrand dahinter die Badegäste, während sich das Bahnpersonal vor der Rückfahrt in der nahe gelegenen Bar einen Kaffee gönnt.

In Sóller treffen die „Fernbahn“ aus Palma und die Trambahn zum Hafen am Bahnhof zusammen. Die Werkstätten und Depots beider Systeme liegen auf gleicher Ebene; aus Porto Sóller angekommen, muss jede Tram am Bahnhof vorbei den Hügel zum Depot erklimmen, um dort umzusetzen und dann wieder am unterhalb des Empfangsgebäudes gelegenen Haltepunkt die Fahrgäste zum Meer aufzunehmen

Rund um das Weihnachts- und Neujahresfest sind auch die Züge der Tram festlich geschmückt – mit glitzerndem Lametta, Fensterschmuck und Neujahrsbotschaften. Triebwagen 2 erklimmt am Neujahrstag die kleine Steigung zum Depot, im Hintergrund die Kathedrale von Sóller

Zur Freude der Touristen kommen das ganze Jahr über die offenen Wagen zum Einsatz, die ein besonders hautnahes Straßenbahn-Gefühl vermitteln

Zu Besuch im Eisenbahn-Depot

Bei der Einfahrt in den Bahnhof Sóller, von Palma kommend, liegt zur Linken das Depot der Straßenbahn; hier sind auch die aus Lissabon erworbenen und zum Teil als Ersatzteilspender dienenden Zweiachser abgestellt

Selbst in der Nebensaison – hier Ende März – herrscht steter Ansturm auf die 3-Wagen-Züge, die zwischen Sóller und dem Hafen pendeln. Haltepunkt vor dem Bahnhof

Die Tram bahnt sich vom Bahnhof aus über den großen zentralen Platz an der Kathedrale ihren Weg durch die zum Teil engen Straßen Sóllers in Richtung Hafen. Ortsunkundige sollten lieber auf ein Auto verzichten und sich den eigenen Füßen oder der Straßenbahn anvertrauen, da das Labyrinth an Einbahnstraßen in diesem kleinen Ort selbst Mallorquinern manchmal „spanisch" vorkommt – an Parkplätze in der Innenstadt ist sowieso nicht zu denken

Triebwagen 3, noch mit altem Strom-
abnehmer, passiert die Bar Bodega;
am Ortsrand von Sóller wird es eng
für die Tram – auf eigenem Bahn-
damm quetscht sie sich an Häusern
und Obstgärten vorbei

Der weihnachtlich geschmückte Zug 2 mit offenem Wagen Anfang Januar bei der Einfahrt nach Sóller. Tagsüber erreichen die Temperaturen auch rund um den Jahreswechsel bis zu 20 Grad, so dass die offenen Wagen zu jeder Jahreszeit im Einsatz stehen

Der „Überland-Abschnitt“ der Straßenbahn zwischen Sóller und Porto Sóller beschränkt sich auf wenige Minuten Fahrzeit – dann ist schon wieder der Hafenort erreicht. Unterwegs bietet eine Ausweiche Gelegenheit, Gegenzüge abzuwarten

Hier trifft die Bahn auf das Meer:
Die Uferstraße von Porto Sóller,
Einfahrt des Zuges in den Hafen

Porto Sóller bietet einen der wenigen Sandstrände an der Nordwestküste, die ansonsten sehr steinig ist. Entsprechend rege ist der Badebetrieb hier im Sommer, wenn auch kein Vergleich zu den pauschal buchbaren Badestränden im Süden und Osten der Insel. Vom Zug aus hat man zu jeder Jahreszeit einen Blick auf Strand, Bucht und das offene Meer

RESTAURANT
Cas Pagès

BAR MARISOL
3

Linke Seite: In Porto Sóller empfängt ein außergewöhnliches Bahnhofsgebäude die Reisenden – doch gebaut wurde es nicht etwa für die Straßenbahn, sondern für Postkutschen, die einst den Passagiertransport nach Palma abwickelten. Heute dient es einem Restaurantbetrieb. Der Triebwagen fährt geradeaus weiter in eine Sackgasse, bleibt, sofern genügend Zeit ist, einige Minuten leer vor einer kleinen Bar in Wartestellung (rechts) und setzt dann um an das andere Ende des Zuges, um eilig die Rückfahrt nach Sóller anzutreten. Hier am Hafen von Sóller treffen Straßenbahn, Boote, Busse, Autos und vor allem in der Nebensaison auch viele Rennräder aufeinander

tib

Der Zug der Zeit

Palma – Inca

und inzwischen weiter nach Sa Pobla und Manacor

Mallorca, das ist nicht nur traumhafte Bahnnostalgie, Mallorca hat auch Bahnzukunft. Die im Ausbau befindlichen Strecken ins Innere der Insel zeigen das mit modernen Fahrzeugen. So hat man die Möglichkeit, auf Neubaustrecken das Inselinnere zu erkunden.

Jetzt musst du nie mehr Ketten vor den Bahnhof hängen", sagte Bürgermeister Jaume Font, und Madó Margalida lachte: 1981, gleich nachdem der letzte Zug unwiderruflich aus dem Bahnhof des Dorfes Sa Pobla gerattert war, sperrte die damalige Bahnbeamtin das Gebäude ab. Zu neuer Geschäftigkeit wird es wirklich nicht mehr erwachen – die Honoratioren feierten die Revitalisierung des 16 Kilometer langen Schienenweges von Inca nach Sa Pobla am Dreikönigstag 2001 auf dem neuen Hochbahnsteig am Rand des Städtchens. Ab Palma benötigt der Zug nun etwa 55 Minuten.

Diese Bahnlinie markiert jedenfalls eine europaweit bemerkenswerte Wende in der Verkehrspolitik: Vor dem Hintergrund der höchsten Verkehrsdichte Spaniens und entsprechend überlasteter Straßen fördert die Regierung den Ausbau neuer Schienenwege.

Die Station Inca mit Autobussen in den 20er-Jahren des letzten Jahrhunderts

Linke Seite: 2003 wurden die dreiteiligen dieselelektrischen Triebwagenzüge der staatlichen Eisenbahngesellschaft t.i.b. (Transport der Balearen) in Dienst gestellt; die Ausweitung des Schienennetzes über Inca hinaus machte die Neubeschaffung erforderlich. Im Hintergrund die Ausläufer des Tramuntana-Gebirges; die Aufnahme entstand bei Binissalem

Alte Ansicht des Bahnhofs von Palma. Direkt gegenüber des Bahnhofs der privaten Eisenbahn nach Sóller gelegen, verfügte er über ungleich größere Bahnanlagen

Ein Blick in das Bahnbetriebswerk Palma in früheren Jahren

In den 90er-Jahren wurden die alten, 1980 gebraucht gekauften Dieseltriebwagen Esslinger Bauart durch die neue dieselelektrische Triebwagengeneration ersetzt, die heute das Bild der staatlichen Eisenbahn bestimmt. 1998, vor dem Umbau der Bahnanlagen in Palma, gaben sich noch die verschiedenen Triebwagen-Bauarten ein Stelldichein (ganz links im Bild die Nachfolger)

Der bunte Triebwagenpark der SFM wurde Ende der 90er-Jahre durch die vom Festland erworbenen zweiteiligen dieselelektrischen Triebwagen abgelöst

Die neueste Generation stellen die dreiteiligen, bereits in neuer, rot-gelber Farbgebung gelieferten dieselelektrischen Triebwagen dar

Bei der Einfahrt in den Bahnhof passieren die Züge die ehemaligen Betriebswerksanlagen, die vor kurzem restauriert wurden; im Hintergrund der Busbahnhof Palma

Doppel-Triebwagengarnitur kurz vor Santa Maria

Die Planungsingenieure können dabei auf historische Substanz zurückgreifen: Der heutige Verbund t.i.b. (Transport der Balearen) ist der jüngste „Nachfolger" der 1872 gegründeten Sociedad del Ferro-Carrill de Mallorca, mit der die Eisenbahngeschichte der Insel begann. 1875, genau ein halbes Jahrhundert nach der Einweihung der ersten Eisenbahnlinie der Welt, standen auch auf Mallorca die Signale auf Grün. Zwei Jahre hatten die Bauarbeiten an der Strecke bis Inca gedauert, und eine Vielzahl wieder verworfener Streckenplanungen war ihr vorausgegangen.

Natürlich haben die neuen dreiteiligen dieselelektrischen Triebwagen mit gleisbogenabhängiger Wagenkastensteuerung („Pendolino-Prinzip") im frischen weiß-rotgelb lackierten Outfit nichts mehr mit den einst aus England importierten Dampflokomotiven und den ersten drei Passagierwaggons (1. und 2. Klasse) gemein. Auch die völlig neu aufgeschüttete Schienentrasse signalisiert Modernität, dazu wurden fast alle niveaugleichen Straßen- und Feldwegübergänge durch Brücken ersetzt. Doch die Schönheit des Raiguer, wie die historische und wirtschaftliche Hauptlandschaft der Insel am Fuß der Serra de Tramuntana heißt, ist geblieben. Wer das viel beschworene „andere Mallorca" einmal aus dem Waggonfenster heraus betrachten möchte und die touristisch wenig erschlossenen Orte der Insel auf nicht ganz alltägliche Weise erreichen möchte, steige also im Bahnhof von Palma – gleich neben jenem der Sóller-Bahn nahe der Plaça d'Espanya – ein. Nostalgische Gefühle wecken die renovierten Relikte der einst umfangreichen Depot-Anlagen nahe dem neuen Busbahnhof: Sie sind von der Fußgängerbrücke über den Bahnhofsgleisen gut zu überblicken. Auf einen Zug in Richtung Inca muss man meist nicht lange warten, denn an Werktagen verkehren auf dieser Strecke mehr als 20 Zugpaare.

Die Nachfrage war schon in der Anfangszeit der Strecke sehr groß: Gleich in den ersten vier Tagen nach der feierlichen Eröffnung wurden sage und schreibe 7.555 Fahrscheine verkauft, und am Ende des ersten Betriebsjahres hatte die Gesellschaft schon 263.114 Personen befördert. 1931 erhielt die Strecke einen zweiten Schienenstrang (mit dem das mallorquinische Schienennetz seine maximale Gesamtlänge von 281 Kilometern erreichte). Genau 50 Jahre später erweiterte man die ursprüngliche Spurweite von einem englischen Yard (= 914 Millimeter) auf einen Meter, um gebrauchte Fahrzeuge vom spanischen Festland einsetzen zu können. Mitte der 1990er Jahre kamen hier schließlich zwölf moderne und voll klimatisierte Dieseltriebwagen zum Einsatz, die allerdings den Bau von 80 Zentimeter hohen Bahnsteigen notwendig machten.

Beton begleitet auch die ersten schnurgeraden Bahn-Kilometer aus der Stadt hin-

Während die meisten Züge von Palma aus im Taktverkehr abwechselnd nach Sa Pobla oder Manacor fahren, werden in den Hauptverkehrszeiten zusätzliche Pendelzüge auf der Hauptstrecke bis Marratxi oder Inca eingesetzt; im Bild bei Santa Maria

Am Wochenende und in der Neben-saison geht es auf den Inca-Strecken eher beschaulich zu

aus: Man fährt unter der breiten Brücke der Ringautobahn durch und an den großen Depothallen der SFM vorbei (auch Teile der alten Anlagen zeigen sich in neuem Glanz). Da und dort sind verfallene (und mittlerweile auch wieder renovierte) Windmühlen zu sehen – die einst zum Pumpen von Grundwasser genutzten Bauten zählen bis heute zu den Wahrzeichen der Insel. Von der Haltestelle Pont d'Inca zweigte bis 1964 die Bahnlinie Richtung Llucmajor und Santanyí ab. Wir fahren jedoch geradeaus durch die Wohnviertel und Industriegebiete um Marratxi und stoppen im letzten der vier neuen Haltepunkte im Nahbereich von Palma.

Der Zug nach Inca unterquert jedoch nochmals die Autobahn (PM 27 Palma – Inca). Danach zeigt sich allmählich der ursprüngliche Charakter der Gegend: Rechts die Ebene – rotbraune Erde, lange Reihen von Oliven-, Feigen- und Johannisbrotbäumen, alte Gehöfte am Rand der Nebenstraßen. Links tauchen dagegen die Berge der Serra de Tramuntana aus dem Dunst auf: das Massiv des Teix über dem Tal von Bunyola, die Waldhöhen, hinter denen sich das Hochtal von Orient verbirgt, der wilde Felsklotz des Puig d'Alaró (825 m). Auf diesem erkennt ein scharfes Auge die Ruinen einer Trutzburg, die wohl auf einen Talaiot, eine befestigte Siedlung aus der Bronzezeit, zurückgeht. Das Gemäuer gilt als Symbol der Freiheit und erinnert an einige besonders dramatische Kapitel aus Mallorcas Geschichte: Wer diese Burg besaß, beherrschte die Insel. Das war schon so, als die Araber im Jahre 902 die Insel endgültig besetzten und den Berg acht Jahre und fünf Monate lang belagern mussten – aber auch bei der Rückeroberung Mallorcas anno 1229, als König Jaume I. die letzten Mauren erst nach weiteren zwei Jahren von dort oben vertreiben konnte. Rechts (nordöstlich) vom Puig d'Alaró steht sein nicht weniger auffälliger „Zwillingsberg", der Puig d'Alcadena (813 m), und ganz in der Ferne bauen sich schon die rauen Ausläufer des Massanella-Massivs auf. Besonders schön ist es im Raiguer Anfang Februar, wenn zehntausende blühende Mandelbäume das Land in zartrosa und weiße Wolken tauchen.

Der Bahnhof von Santa María del Camí wurde mustergültig renoviert, mit einem davor erbauten Hochbahnsteig ergänzt und dazu mit einer Stahl-Glas-Überdachung versehen.

Nächster Halt: estació Alaró y Consell. Das kleine, zeitweise als Laden genutzte Steingebäude im Norden von Consell birgt die Erinnerung an eine besondere Bahn-Anekdote: 1881 gründete man hier eine eigene Bahngesellschaft und ging beherzt an den Bau einer exakt drei Kilometer und 720 Meter langen Verbindungsstrecke mit 750 Millimeter Spurweite ins Nachbardorf Alaró (in dem die moderne Zeit schon 1901 in Form elektrischer Leitungen und Glühbirnen Einzug gehalten hatte). Doch die Schubkraft der dafür vorgesehenen Dampflokomotive soll für die 70 Meter Höhenunterschied zu gering gewesen sein.

Wie auch immer: Man spannte je zwei Maultiere vor die Wagen – die Talfahrt funktionierte dank der Schwerkraft von selbst, und die braven Tiere durften ausruhen. Die Bahnreise nach Alaró muss jedenfalls ein Vergnügen gewesen sein: Waggon Nummero 1 entsprach seinem Typennamen „Imperial" durchaus, denn sein Dach wurde als noble Freiluft-Plattform genutzt – auf diese Weise fasste er 43 Passagiere. Später setzte man die Dieselloks „Sant Cabrit" und „Sant Bassa" ein, die an zwei Märtyrer aus der Geschichte der Burg von Alaró erinnerten – und die Reisegeschwindigkeit auf immerhin 18 Stundenkilometer erhöhten. 1935 schon stellte man den Ferrocarril de Alaró aus wirtschaftlichen Gründen wieder ein.

Zurück zur Bahn nach Inca, die nun durch die Weingärten um Binissalem fährt. Im Frühling breitet sich hier ein wahrer Blütenteppich unter den Rebstöcken des größten Weinbaugebiets Mallorcas (und dem einzigen mit D.O.C.-Zertifikation) aus. Schon die alten Römer schwärmten von den „vinos baleáricos", die wohl auch per Schiff expor-

Innenansicht der dieselelektrischen Triebwagen

Rund um Alaro,
Tramuntana-Gebirge

Kurz vor Alaro

tiert wurden. Die Araber perfektionierten die Pflege der Weinstöcke, um vor allem Tafeltrauben und die für die orientalische Küche unabdingbaren Rosinen zu ernten (diese finden sich auch heute noch in so manchen Inselgerichten wieder). Später orderten die spanischen Königshäuser große Mengen vom mallorquinischen Malvasier. Nach einem kurzen „Weinboom" im späten 19. Jahrhundert kam der Absturz: Die Reblaus vernichtete fast alle Weinkulturen, die man kurzerhand durch Mandelbaum-Plantagen ersetzte. Heute werden auf der Insel wieder rund vier Millionen Liter Wein pro Jahr gekeltert, doch wirklich mit der Konkurrenz vom Festland mithalten können mallorquinische Weine erst seit kurzer Zeit.

Der Zug rattert an der Ermita es Cocó und dann am 1966 eröffneten Zementwerk von Lloseta vorbei. Die staubigen Fabrikanlagen lassen kaum erahnen, dass sich in der ursprünglich gebliebenen Ortschaft eine grüne Oase verbirgt: Der Park des Palau d'Ayamans wurde in der Tradition französischer Gartenbaukunst angelegt. Schließlich bleibt der Triebwagen im ebenfalls neu hergerichteten Bahnhof am Stadtrand von Inca stehen. Touristen lockt dieser zentrale Ort am Rand des Gebirges – mit mehr als 20.000 Einwohner für mallorquinische Verhältnisse schon eine Großstadt – vor allem mit seinen Schuh- und Lederwarengeschäften an. Aber auch für Bahnreisende lohnt es sich, das Umsteigen mit einem Stadt-Spaziergang zu verbinden, besonders dann, wenn sich be-

Schon historisch: Der kleine Laden, der 2000 noch im schön restaurierten Empfangsgebäude von Consell y Alaro untergebracht war, hat inzwischen aufgegeben; und auch die blau-weißen Triebwagenzüge gehören seit 2004 großteils der Vergangenheit an

Die Ebene rund um Inca wird durch Industrie geprägt. Im Hintergrund Lloseta und Inca

reits Hunger und Durst regen: Rund um die Pfarrkirche laden üppig sortierte Delikatessenläden und die Cellers – urtümliche, oft mit wuchtigen Weinfässern möblierte Keller-Tavernen – zur Verkostung bodenständiger Spezialitäten oder zum genussvollen Schlemmen ein. Ideen für die weitere Bahnverbindung am Fuß der Berge – über Selva, Campanet und Pollença nach Alcúdia – fielen rasch wieder dem Vergessen anheim.

In Consell zweigte bis 1935 eine kleine Stichstrecke nach Alaró ab; daher integrierte man Alaró in den Stationsnamen, obwohl der Ort 6 km entfernt am Ausläufer des Tramuntana-Gebirges liegt

*Nachmittags- und Abend-
stimmung zwischen
Consell y Alaro und Binissalem*

tib

Triebwagen der ersten Bauserie bei Lloseta …

… und bei Consell vor dem Tramuntana-Gebirge

Bei Lloseta

Nach Stillegung der Verbindung nach Sa Pobla 1980 war Inca 20 Jahre lang Endpunkt der staatlichen Eisenbahnlinie von Palma. Von dem einstmals über 200 Kilometer umfassenden Netz war nur die rund 30 Kilometer lange zweigleisige Strecke von der Inselhauptstadt bis hierher übriggeblieben. Doch seit Ende der 1990er-Jahre folgten die Veränderungen Schlag auf Schlag: Im Januar 2001 wurde die Strecke Inca – Sa Pobla wieder in Betrieb genommen; der Bahnhof wurde renoviert und erhielt eine moderne Bahnsteigüberdachung. 2003 folgte dann die Strecke von (Inca -) Empalme nach Manacor

Die Fotos dieser Doppelseite markieren mehrere Epochen der Bahn: Links oben eine historische Ansicht aus den 1920er-Jahren mit einem dampfgeführten Personenzug nach Manacor; darunter der Zustand im Jahre 1998: die Bahnsteige sind im Vorgriff auf die neuen Fahrzeuge bereits erhöht, im Dienst stehen jedoch noch die alten Dieseltriebwagen. Drei Jahre später (kleines Bild) – die Bahnsteigüberdachung zeugt von der neuen Bedeutung, die die Streckenverlängerung nach Sa Pobla mit sich bringen wird; die Gleise sind jedoch noch gesperrt für die Weiterfahrt. Rechts oben schließlich Einfahrt einer Doppelgarnitur aus Manacor nach Inca. Rechts unten: Ausfahrt Inca gen Palma

Der Abschnitt Inca – Empalme wird sowohl von den Zügen nach Manacor als auch von denen nach Sa Pobla genutzt. Sie führt durch das idyllische Bauernland des Hort de Can Serra – und passiert etwa auf halber Strecke mit dem Puig des Santa Magdalena und dem gleichnamigen Kloster eines der schönsten Motive des östlichen Streckenabschnitts, dem diese Seite gewidmet ist

Der Abschnitt Inca – Empalme wird sowohl von den Zügen nach Manacor als auch von denen nach Sa Pobla genutzt. Sie führt durch das idyllische Bauernland des Hort de Can Serra – und passiert etwa auf halber Strecke mit dem Puig des Santa Magdalena und dem gleichnamigen Kloster eines der schönsten Motive des östlichen Streckenabschnitts, dem diese Seite gewidmet ist

Von Pont d'Inca nach Santanyí

Weitergebaut wurden jedoch zwei Schienenstränge in die Inselebene Es Pla. Ihnen folgen auch die jüngst revitalisierten Strecken nach Sa Pobla und Manacor, die nun nach Südosten zielen. Nach der Querung der Hauptstraße C 713 führen sie durch das idyllische Bauernland des Hort de Can Serra – hinter den Fenstern auf der linken Waggonseite erhebt sich der Puig des Santa Magdalena (307 m), der auch ein Kloster gleichen Namens trägt. Fünf Kilometer südöstlich von Inca erreichen sie den ehemaligen Abzweigebahnhof S'Empalme (Son Bordils), der inzwischen dreigleisig ausgebaut und wieder mit einem Bahnsteig versehen ist. Die Gebäude zeigen sich frisch renoviert; eine Brücke östlich des Bahnhofs bietet sich als guter Standplatz für die Beobachtung des inzwischen regen Zugverkehrs an. Die Strecke nach Sa Pobla schwenkt hier in einem felsigen Geländeeinschnitt nach links, zieht in gerader Linie auf eine Stromleitung zu, unterquert eine Straße (PM 344) und fährt kurz danach im einsamen Bahnhof Llubí ein. Vom Dorf selbst ist nicht viel zu sehen, denn es befindet sich einen Kilo-

In Empalme, einem abseits der Straßen oder jeder Ortschaft gelegenen Abzweigbahnhof, zeigen sich die Ausbauarbeiten der vergangenen Jahre am deutlichsten: Von einem im Dornröschenschlaf versunkenen brachliegenden Arreal über den Beginn der Reaktivierung mit einem einzigen Streckengleis bis hin zur geplanten Inbetriebnahme als neue Unterwegsstation mit Ausweich- und Abstellgleis. Unmittelbar nach dem Bahnhof Empalme zweigt die Strecke nach Sa Pobla in einem weiten Bogen nach Nordosten ab, während die Strecke nach Manacor gerade weiter nach Südosten verläuft

Der Unterwegsbahnhof Llubí – Zustand vor der Reaktivierung der Strecke und in frischem Glanz als Ausweichbahnhof mit neu angelegtem Barbecue-Grillplatz

Die Stationen Llubí und Muro liegen jeweils mehrere Kilometer abseits der eigentlichen Orte; in beiden Fällen setzt die staatliche Eisenbahn daher auf „park & ride" und bietet kostenlose Parkmöglichkeiten an. Die „Sierra Tramuntana" hat man auch hier im Blick

meter südöstlich, jenseits des bewaldeten Torrents de Vinagrella. Vorbei an der großen Finca, der dieses Tal seinen Namen verdankt, geht es Richtung Muro weiter. Auch diese Station liegt ein wenig abseits des Ortes, direkt an der Oberkante des Tals, wo die Straße PM 350 die Schienen kreuzt. Schließlich wendet sich der Zug nach Norden und steuert schnurgerade durch die Felder der Finca Son Basca auf den derzeitigen Endbahnhof zu. Ziemlich unvermittelt hält der Zug am Hochbahnsteig, der am südlichen Rand von Sa Pobla errichtet wurde – die alten Schienen führten noch ein paar hundert Meter weiter zum einstigen Bahnhofsgebäude im Ortszentrum, das am 24.Oktober 1878 in Betrieb genommen worden war. Das Dorf – nichts anderes bedeutet der Ortsname – überrascht mit rechtwinkelig verlaufenden Straßenzügen und ist seit jeher ein Zentrum der mallorquinischen Viehzucht und des Gemüseanbaus; auf dem fruchtbaren Schwemmland westlich der Lagunensümpfe der S'Albufera wird sogar Reis angebaut.

Interessant übrigens der Vergleich zwischen Schiene und Straße in den Nordosten der Insel: Die Bahnstrecke Palma – Inca misst 28,6 Kilometer, die parallel dazu verlaufende Straße ist um 1,4 Kilometer länger. In Sa Pobla zeigt der Tacho im Auto jedoch um 3,7 Kilometer weniger als jener der Lok, die ja einen weiteren Bogen drehen muss. Trotzdem waren Ende 2001 schon die ersten positiven Effekte feststellbar: Das Fahrgast-Aufkommen stieg im Vergleich zum Vorjahr um 20,8 Prozent. Vielleicht beflügelt dieser Trend den weiteren Ausbau: Die etwa 18 Kilometer lange, schon 1912 geplante, aber nie realisierte Schienenstrecke nach Alcúdia soll ebenfalls Wirklichkeit werden – darüber hat sich die Regierung der Balearen jedenfalls mit den betroffenen Gemeinden geeinigt. Der Verlauf der Strecke durch das dicht verbaute Siedlungsgebiet gibt jedoch nicht nur Eisenbahnfreunden Rätsel auf. Die Lösung: Die Station Sa Pobla bleibt ein Kopfbahnhof – die Züge werden im Krebsgang zurückrollen und den Ort östlich im weiten Bogen umrunden. Nach den Vorstellungen der Bauingeniere steuert der Schienenweg sodann den Nordrand des Naturparks S'Albufera an. Im Nahbereich des großen Feuchtbiotops wird er dort zum Elektrizitätswerk und schließlich zwischen dem Puig de Sant Martí und der großen Lagune bis vor die Stadtmauer von Alcúdia führen. Vom Endbahnhof soll außerdem eine Straßenbahnlinie bis Port d'Alcúdia gebaut werden – wenn nicht überhaupt die ganze Strecke als elektrische Trambahn realisiert wird. Zumindest in Port d'Alcúdia besteht ja bereits eine gewisse Bahn-Tradition: Ein kurzer Ferrocarril industrial verband einst den Hafen mit dem Fabriksgelände von Alcanada.

In einem großen Kontrast zur liebevollen Restaurierung der Unterwegsstationen steht der Endbahnhof in Sa Pobla, der aus einem Hochbahnsteig am Rande des Ortes besteht. Die alte Strecke führte hier noch einige hundert Meter weiter in den Ort hinein und endete an einem kleinen Empfangsgebäude, das heute noch erhalten ist (nächste Seite unten). Auch hier ein großer park & ride-Parkplatz und die Möglichkeit für Busse, Touristen für die Weiterfahrt nach Alcudia aufzunehmen

Der alte Endbahnhof
Sa Pobla einst und jetzt:
Hier fuhr 1980 der letzte Zug

Hier in Empalme (siehe auch Seite 91 ff) beginnt die Strecke nach Manacor, die im Mai 2003 reaktiviert wurde (unten). Im September 2000 (oben) weckt das links abzweigende Gleis nach Sa Pobla bereits einen vertrauenserweckenden Eindruck; vier Monate später soll hier der erste planmäßige Zug rollen.
Die Bahntrasse der Strecke nach Manacor / Artà dagegen ist nach über 20-jähriger Betriebsruhe in einem Zustand, der an eine baldige Wiederinbetriebnahme kaum glauben läßt – und doch werden hier zweieinhalb Jahre später wieder Züge rollen. Zeitgleich mit der Erneuerung des Bahndammes findet dann auch die Umspurung von ehemals 914 mm auf neu 1000 mm Spurweite statt.

Rechte Seite: im Hintergrund das Bahngebäude von Empalme

Inca–Manacor – und bald bis zur Ostküste?

Doch zurück nach Inca, wo seit dem 11. Mai 2003 auch wieder Züge ins 35 Kilometer entfernte Manacor starten: Sie folgen zunächst der gleichen Route wie Richtung Sa Pobla, die von S'Empalme geradeaus in die Ebene des Pla, direkt in die Mitte Mallorcas, hineinzieht. Zäune säumen den gesamten Streckenverlauf auf beiden Seiten, um den Gleiskörper vor Tieren zu schützen und ein Tempo von 100 Stundenkilometern zu erlauben. Nahe dem gewundenen Torrent de Son Bordils wendet sich die neue, alte Bahnlinie nach Süden, wo sie den Bahnhof von Sineu erreicht. Bei seiner Erbauung fanden sogar Steine aus Palmas abgebrochener Stadtmauer eine neue Verwendung. Nach der Stilllegung der Strecke im Jahr 1977 beherbergte er eine Galerie für zeitgenössische Kunst, doch heute dient er wieder als Empfangsgebäude mit Warteraum. Und auch auf dem neuen Hochbahnsteig herrscht Betriebsamkeit wie eh und je: Zum berühmten Mittwochsmarkt, auf dem bis heute landwirtschaftliche Nutztiere wie Hühner, Lämmer oder Esel gehandelt werden, kommen viele Besucher wieder per Bahn. Doch auch an den anderen Tagen der Woche empfiehlt sich das historisch bedeutsame Dorf – es zählte unter den Arabern zu den sechs Hauptorten der Insel, später nutzte es König Jaume II. als Sommersitz – für einen Zwischenaufenthalt. Unter dem Turm der mächtigen Pfarrkirche Mare de Déu dels Àngels und dem Denkmal des brüllenden Markuslöwen liegt, so sagt zumindest der Volksmund, jene Achse, die die Welt daran hindert, ins Wanken zu geraten.

Dass der Zug bei der Ausfahrt aus Sineu nicht ins Wanken gerät – dafür sorgt schon der moderne Beton-Unterbau. Zwischen Zäunen und Mauern führt die Trasse aus dem Ort hinaus und dem Nachbardorf Sant Joan entgegen. Nach fünf Kilometern – und noch fast ebenso weit von diesem entfernt – wurde dem Bahndamm jedoch ein unver-

Wie alle Unterwegsbahnhöfe zwischen Inca und Artà, so blieb auch das Empfangsbäude von Sineu auch nach Stillegung der Strecke erhalten. Es diente in den 1990er-Jahren als Kunstgalerie (unten) und erstrahlt seit der Wiederaufnahme des Schienenverkehrs in neuem Glanz

Um eine möglichst hohe Geschwindigkeit zu ermöglichen, wurde die neue Bahntrasse nach Manacor fast vollständig durch Zäune oder Mauern abgegrenzt – so kann die Spitzengeschwindigkeit von 100 km/h ausgefahren werden, ohne davor Angst haben zu müssen, dass Tiere auf den Gleisen stehen

Drei Jahre vor der Wiedereröffnung lud das Gleis eher noch zu einer Wanderung ein: An der ehemaligen Station Sant Joan (linke Seite), mehrere Kilometer abseits des gleichnamigen Ortes gelegen, brausen die Züge heute ohne Stopp vorbei. Und statt am alten Bahnhofsgebäude von Petra (unten) Halt zu machen, kommen sie vor einem neu erbauten Hochbahnsteig am Ortsrand zum Stehen.

Der Waldabschnitt südlich von Sineu (rechts) hat sich jedoch deutlich gewandelt – hier ist inzwischen der Taktverkehr eingekehrt

mittelter Schwenk nach links verordnet: So verläuft die Bahnlinie nördlich des Puig de Sant Nofre und durchquert dessen Waldmantel im Bereich des Pont de sa Picardia. Nach einer weiteren Straßenunterführung begleitet sie das Asphaltband (rechts sitzen, dann erspähen Sie die doppeltürmige Wallfahrtskirche auf dem 315 m hohen Puig de Bonany, einem der „heiligen Hügel" über dem Pla). Hier weicht die neue Streckenführung von der alten, die mitten durch Petra

führte, ab: Der Zug hält an einem einfachen Hochbahnsteig nördlich des Ortes, sein altes Stationsgebäude träumt weiterhin im Dornröschenschlaf.

Durch ihren größten Sohn ist die Gemeinde gewissermaßen mit der weiten Welt verbunden: Der am 24. November 1713 in Petra geborene Bauernsohn Miguel Joseph Serra wurde Mönch und reiste als Bruder Junípero (= Wacholder) nach „Westindien" – aus den von ihm gegründeten Missionsstationen in Kalifornien entwickelten sich Großstädte wie San Francisco oder auch San Diego.

Weitaus unspektakulärer geht es dann durch das fruchtbare Kulturland weiter nach Manacor, das der Schienenweg erstmals im Jahre 1879 erreichte. Das weite Gelände des ehemaligen Bahnhofsbereichs im Nordwesten des Stadtzentrums bezeugt noch den

Endzeit-Stimmung in Manacor im Herbst 2000: Es schien nur noch eine Frage der Zeit zu sein, bis Vandalismus und Verfall dem alten Empfangsgebäude so zugesetzt haben, bis ein Abriss die letztmögliche Lösung schien

MANACOR

Zweieinhalb Jahre später, im Mai 2003, erstrahlt die einstige Ruine in neuem Glanz: Die Strecke Inca – Manacor wird nach 25 Jahren Betriebsruhe feierlich wieder eröffnet. Dort, wo noch vor kurzem Schrott abgeladen wurde und Kinder Autoreifen anzündeten, entstand ein leuchtend weißer (vorläufiger) Endbahnhof, dessen Empfangsgebäude mustergültig mit EU-Fördermitteln restauriert wurde – innen wie außen

Aufschwung durch den Bahnanschluss. Den konnte die zentrale 25.000-Einwohner-Stadt im Osten der Insel auch gut gebrauchen, denn trotz florierender Handels- und Gewerbebetriebe – der originellste davon stellt heute begehrte Kunstperlen her – gab es immer wieder wirtschaftliche Notzeiten, die viele Menschen in die Emigration trieben. So entdeckt man bei einen Spaziergang durch die Innenstadt überraschend viele Zeugnisse einer wechselvollen Geschichte, vom trutzigen Palau-Turm (heute ein Museum) bis zur gotischen Stadtkirche, deren 84 Meter hoher Glockenturm immer noch an das Minarett einer Moschee erinnert. In Manacor wurde im Januar 2001 im Beisein des Präsidenten und des Verkehrsministers der Balearen das erste Gleisstück für die Revitalisierung verlegt, und am Muttertag 2003 feierten mehr als 3.000 Bahnfans die Einweihung des mustergültig restaurierten Empfangsgebäudes, das sich nun hell, freundlich und von auffälliger Eleganz zeigt. Alles in allem kostete der Neubau der Strecke rund 33,4 Millionen Euro. Allein die prognostizierte Fahrzeit der „Eilzüge" – 58 Minuten ab Palma – war einfach nicht zu schaffen: Praktisch alle kamen mit Verspätung an, drei Prozent der Verbindungen fielen überhaupt aus. So sollen nun einfach weniger Züge fahren …

Einst und jetzt – zweieinhalb Jahre liegen zwischen diesen Aufnahmen, und auf ein ähnliches Schicksal können sich auch noch die Empfangsgebäude freuen

2001 nur als Fuß- oder Radweg nutzbar: Die alte Trasse nach Artà

Bald geht es weiter – bis zur Ostküste?

Dies dürfte die mallorquinische Eisenbahngesellschaft jedoch nicht am weiteren Ausbau der Strecke in den Nordosten Mallorcas hindern: Die Züge sollen schon in naher Zukunft – ebenfalls dem alten Trassenverlauf folgend – westlich von Manacor am Puig de Son Galiana vorbeifahren und in Sant Llorenç des Cardassar einlaufen. „Bei den Disteln" – das etwa bedeutet der Beiname des 3.000-Seelen-Ortes: Dies weist keineswegs auf sein fruchtbares und gepflegtes Umland hin – es geht vielmehr auf die vermutlich romanische Madonnenfigur zurück, die in einer Seitenkapelle der Pfarrkirche steht und einst vor den Arabern im Distelgebüsch versteckt worden war.

Die Bahntrasse führte nun westwärts zur Serra de Llevant, dem aus kleinen, einzelnen Bergmassiven bestehenden Höhenzug im Osten der Insel. Der Zug überwand dort eine 70 Meter über dem Meer gelegene Senke und peilte nahe der Ostküste die Ortschaft Son Servera an. Kurz davor wäre eine kurze Anbindung der Touristenhochburg Cala Millor möglich; sogar an den Einsatz historischer Dampfzüge ist gedacht. Kurz vor Son Servera soll die Bahn jedenfalls wieder über ihre schöne Steinbrücke tuckern, um sich nach dem Ort durch eine reizvolle Hügellandschaft zu schlängeln und nach einer kräfti-

Mit dem Abschnitt Empalme – Manacor ist gut die Hälfte der ehemaligen Strecke Inca – Artà wieder eröffnet worden. Noch vor Einweihung des Streckenteils bis Manacor begannen auch auf dem nördlichen Abschnitt die Bauarbeiten: In Sant Llorenc, das sogar über eine eigene Bahnunterführung verfügte (oben und Mitte), sowie in Son Carrió, einem kleinen Unterwegshalt weiter in Richtung Artà (unten), könnten schon bald wieder Züge fahren

Auch das Empfangsgebäude des Endbahnhofes Artà ist seit der Jahrtausendwende aus dem Dornröschenschlaf erwacht: Fühlte sich die Natur auf dem einstigen Bahngelände im September 2000 noch unübersehbar wohl (großes Bild und oben rechts), begannen ein Jahr darauf die Bauarbeiten am Empfangsgebäude, das sich seit 2003 – ohne bereits wieder an das Schienennetz angeschlossen zu sein – als modernes, kulturelles Zentrum in frischem Glanz präsentiert

gen Linkskurve durch die Gartenlandschaft, den die Araber einst „Yartan" nannten, im Bahnhof des Dorfes Artà zu stoppen.

Die Geschichte dieses Abschnittes ist typisch für die „zweite Epoche" der mallorquinischen Eisenbahnen. Zu verdanken ist seine Realisierung vor allem dem Bankier und Großgrundbesitzer Rafel Blanes Tolosa, dessen Vorfahren im 19. Jahrhundert in Puerto Rico zu Reichtum gelangt waren. Er beteiligte sich an der Eisenbahngesellschaft, wurde zu deren Vorstandsmitglied und setzte als örtlicher Politiker schließlich auch den Baubeschluss durch. 4,5 Millionen Peseten verschlangen die Arbeiten, bis der knapp 30 Kilimeter lange Abschnitt Manacor – Artà am 16. Juni 1921 eröffnet wurde. In der Folge war der Ort 56 Jahre lang an das Bahnnetz der Insel angeschlossen. Mittlerweile wurde das Stationsgebäude am Südrand des Ortes – es ist nicht weit von den prähistorischen Talaiotmauern Ses Paisses entfernt – wieder vorbildlich restauriert. Es wird wohl ein Kopfbahnhof bleiben: Der Ort Capdepera (mit der größten Festungsanlage Mallorcas) sowie das quirlige Urlaubszentrum Cala Rajada (an der „Rochenbucht") wären nur in östlicher Richtung an die Bahnlinie anzubinden – Planungen dafür sind jedenfalls in ein ernsthaftes Stadium getreten.

Links oben und unten: Der ehemalige Lokschuppen von Felanitx beherbergt heute nur noch die Natur. An eine Reaktivierung der Strecke ist nicht gedacht, die Trasse existiert großteils nicht mehr.
Rechts oben: Ehemaliges Stationsgebäude von Algaida.
Rechts Mitte: In Algaida trifft man auf keine Eisenbahn-Reliquien mehr – dafür auf Reste der Straßen-Konkurrenz
Rechts unten: Empfangsgebäude von Montuiri, heute privat genutzt

Wo längst keine Züge mehr fahren…

Spurensuche

Die Linien nach Felanitx und Santanyi

Auch wenn mit anerkennenswertem Aufwand stillgelegte Strecken reaktiviert werden, so bleibt immer noch genug zu entdecken bei der spannenden Suche nach Zeugnissen vergangener Schienenzeiten.

Von Santa Maria del Camí nach Felanitx

Die zweite Bahnstrecke quer durch die Inselebene Es Pla war exakt 70 Jahre lang in Betrieb: 1897 dampfte der erste Zug von Santa María del Camí gen Osten; 57,2 Kilometer von Palma entfernt stoppte er am Fuß des Klosterberges Sant Salvador, einem Ausläufer der Serra de Llevant. Längst sind weite Teile ihrer Trasse in privatem Besitz, ihr Verlauf ist aber da und dort noch ganz gut zu erkennen: Kurz westlich von Santa María del Camí zweigte der Schienenstrang rechts von der Hauptroute Richtung Inca ab und führte unter den (noch bestehenden) Brücken der Straße C 713 bzw. der Autobahn PM 27 durch. Über flaches Kulturland zielt sie – heute stellenweise als Feldweg genutzt und damit durchaus auch zum Wandern einladend – auf das bewaldete Bergmassiv des Puig de Son Segui (320 m). Auf einer nördlich vorgelagerten Anhöhe steht ein großes Kreuz; daneben sitzt aus unerfindlichen Gründen das Wrack eines Schnellbootes auf. An ihrem Fuß hielt der Zug in der Station der die Ortschaft Santa Eugènia – genau dort wo sich heute das Schwimmbad befindet. Auf dem Weiterweg nach Algaida, dessen immer noch erhaltener Bahnhof nördlich davon im Ortsteil Can Valent steht, trat der Puig de Randa (540 m) ins Bild. Das isoliert aufragende und daher weithin sichtbare Massiv trägt gleich drei Klöster – das aus dem Jahre 1275 stammende franziskanische Santuari de Cura auf dem Gipfel, das Oratori de Gràcia, das seit dem 15. Jahrhundert wie ein Schwalbennest unter einer überhängenden Felswand klebt, und das rund 100 Jahre ältere Santuari de Sant Honorat an deren Oberkante. Mallorcas „heimlicher Heiliger", der Philosoph, Missionar, Forscher und Schriftsteller Ramón Llull, hat eine Zeitlang dort oben als Einsiedler gelebt und damit die lange Tradition der Eremiten auf Mallorca begründet. Nördlich des Berges liegt übrigens ein weiteres Heiligtum, die am Rand dichter Föhrenwälder versteckte Ermita de la Pau in Castellix.

Im Nordosten dieses „heiligen Bezirks" rollte der Zug nahe der Straße C-715 nach Montuiri. Das alte Bahnhofsgebäude steht, heute privat genutzt, im Gewerbegebiet südwestlich des Dorfes, das von fünf stolzen Windmühlen-Stümpfen überragt wird. In ziemlich gerader Linienführung, die noch weitgehend als Schotterweg sichtbar ist, zog die Bahnline nach Südosten weiter. Der Bahnhof des Handwerkerdorfes Porreres, dem vorletzten größeren Ort an der einstigen Strecke, träumt einsam und halb verfallen an der Straße Richtung Campos von besseren Zeiten. Einen Zwischenstopp lohnt er dennoch, denn nicht weit davon entfernt beginnt der etwa drei Kilometer lange Kreuzweg zum gotischen Santuari de Monti-Sion (251 m), das einen wunderbaren fünfeckigen Innenhof sowie eine kunstvolle Marmor-Muttergottes, die Kopie einer byzantinischen Holzfigur, aus dem 15. oder 16. Jahrhundert birgt. Schon allein der Blick von seiner Terrasse lohnt den Aufstieg: Er schweift ostwärts über die weite Ebene, über die der Zug einst im weiten Bogen tuckerte. Durch Felder und Weingärten (neun von zehn Flaschen mallorquinischen Weißweins kommen bis heute aus dieser Gegend) erreichte er schließlich die liebenswerte 15.000-Einwohner-Stadt Felanitx: Sie liegt am Fuß einiger Hügel, auf denen noch heute 25 verfallene Windmühlen stehen, unter dem 510 Meter hohen Klosterberg

Ehemaliges Bahnhofsgebäude von Porreres. Ende der 1960er-Jahre hielten hier die letzten Züge

Zwischen Porreres und Felanitx hielt die Bahn früher in Canteras, einer Station weitab jeder größeren Gemeinde. Das Haus ist heute privat genutzt, an die Bahn-Zeit erinnert nur das Bahnhofsschild

Von Pont d'Inca nach Santanyí

Wohl den wenigsten Mallorca-Urlaubern ist, wenn ihr Flugzeug im Aeroport Son Sant Joan am Boden aufsetzt, bewusst, dass sie soeben auf verkehrshistorischem Boden gelandet sind: Hier lagen zwischen 1917 und 1964 die Schienen der südlichsten der drei Bahnlinien in die Ebene Mallorcas, die den Migjorn, den sonnenverbrannten Süden der Insel erschloss. Ausgehend von Pont d'Inca führte sie durch das damals noch kaum besiedelte östliche Umland der Hauptstadt Palma zu den Salines de ses Fontanelles und weiter ins „Hinterland" der heutigen Touristenhochburg S'Arenal. Wo der Zug bis zum Jahr 1964 bei Can Pastilla hielt, liegen heute Landebahnen, Flugzeughangars, Abfertigungsgebäude und die Zubringerautobahn. In direkter Linienführung ab dem Stadtzentrum von Palma könnte die Bahn – wie erwähnt – wieder einen Nachfolger erhalten.

An die weitere Strecke wird wohl nur die Erinnerung bleiben. Schön muss die Fahrt über den Torrent von S'Arenal (nahe des heutigen Wassererlebnisparks Aquacity) gewesen sein – am Beginn des „Bahn-Zeitalters" standen nur wenige Häuser vor den noch weitgehend unberührten Dünen hinter der Bucht von Palma. Weiter ging es – wohl nicht weniger romantisch – durch die Wälder der Marina de Llucmajor, in denen die Bahnlinie eine kräftige Linkskurve beschrieb. So erreichte sie am Pont de ses Boques, direkt am felsigen Einschnitt des Torrent de Son Verí, 100 Meter Seehöhe. In schnurgerader Linienführung zog sie dann über die Ebene, vorbei an Aprikosenbäumen und einem prähistorischen Talaiot,

Bis auf die noch erhaltenen Stationsgebäude erinnert heute kaum noch etwas an die Strecke Palma – Santanyí, die als erste stillgelegt wurde. Die Station Es Llombards ist heute private Finca

Sant Salvador und in der Nähe eines zweiten Felsgipfels, auf dem die Ruinen der einst mächtigen Burg Santueri vor sich hinbröckeln. Auch in der Stadt selbst kommen Kunstfreunde auf ihre Rechnung: Eine barock-breite Freitreppe führt zur Fassade der ursprünglich gotischen Pfarrkirche Sant Miquel, die ein prachtvolles Portal und eine große Fensterrosette zeigt. Ihre Sant Francesc geweihte Seitenkapelle stammt noch von Guillem Sagrera, dem Baumeister der Seehandelsbörse La Llotja in Palma. Das hinter dem Krankenhaus gelegene Bahngelände, auf dem noch ein verfallener Lokschuppen und eine alte Güterhalle stehen, ist verwachsen. Wird auch dieses Dornröschen wieder erwachen? Auf der alten Trasse ist ein Bahn-Neubau derzeit kaum vorstellbar – zu viel davon ist mittlerweile in privater Hand. Für die Verwirklichung des Traumes spricht jedoch die Möglichkeit, die Touristenzentren an der südöstlichen Küste an das Schienennetz anzubinden – immerhin dachte man schon 1883 über eine Bahnstrecke von Felanitx zum Hafen von Portocolom nach …

Auch die alten WC-Häuschen sind vielerorts noch erhalten …

Am Ortseingang nach Santanyí fanden sich auch im neuen Jahrtausend noch Reste der alten Lokschuppen; ein baldiger Abriss ist wahrscheinlich

nach Llucmajor. Jugendstilfassaden im Ortszentrum künden vom zumindest zeitweiligen Wohlstand der Bürger des zentralen Ortes in Mallorcas Süden: Der gute Ruf der Schuhmacher aus Llucmajor drang einst bis zu französischen Nobel-Manufakturen.

In weiterer Folge schwenkten die Schienen nach Südosten und folgten in wechselnd knappem Abstand der Straße C-717 nach Campos. Wer hier ausstieg, besuchte vielleicht die Pfarrkirche Sant Julià, die eine wertvolle Kassettendecke und ein berührendes Bild von Bartolomé Esteban Murillo birgt. Oder die Bäckerei Pomar, deren Mandelkuchen noch heute die Anfahrt lohnt …

Weiter ging es über die schier endlose Ebene, auf der bis heute zahllose Milchkühe weiden: Die Gegend um Campos gilt als Zentrum der mallorquinischen Käseherstellung. Vorbei an einem niedrigen Waldhang erreichte man sodann das Dorf Ses Salines, das nur mehr vier Kilometer von der Südspitze der Insel entfernt ist. Den südlichsten Punkt der mallorquinischen Eisenbahngeschichte hat man hier jedoch noch nicht erreicht: Im Bereich der Salines des Salobrar, der seit 1850 industriell genutzten Salzseen nahe dem Traumstrand Es Trenc, wurde das „weiße Gold" dereinst mit zwei dampfenden Kleinbahnen (Ferrocarril industrial de las salinas) transportiert – in gleicher Weise übrigens wie auch an den Salinen von Eivissa/Ibiza und Formentera.

Doch zurück zur „großen" Linie: Der Rand des wunderbaren Kakteengartens Botanicactus im Nordosten von Ses Salines liegt genau im Bereich des einstigen Bahndamms, von dem man ansonsten nicht mehr allzu viel sieht. Er zog weiter nach Osten, durch die trockene Ebene und beschrieb einen kleinen Bogen nördlich um die Ortschaft Es Llombards, an dessen Station heute noch ein kleines Steingebäude erinnert. Nach einem sanften Linksschwung endete die Bahnlinie schließlich in Santanyí. Ob per Bahn oder mit dem Auto: Man glaubt hier in eine Festung einzudringen. Katastrophen wie der Piratenüberfall des Jahres 1388 hatten die Einwohner des küstennahen Ortes vorsichtig werden lassen; sie erreichteten wehrhafte Stadtmauern. Neben dem einen oder anderen Megallith-Steinblock aus urzeitlichen Talaiot-Ruinen verbauten sie dabei Unmengen des berühmten, goldfarbenen Santanyí-Marès, jenem Sandstein, der seit jeher im Küstengebiet des Migjorn gebrochen wird. Dieses begehrte Baumaterial fand schon für das Rathaus von Palma, aber nicht zuletzt auch für Mauern und Brücken der Bahn Verwendung. Im 18. Jahrhundert, mit dem Ende der Piratenplage, errichtete man anstelle der alten Wehrkirche ein neues Gotteshaus, in das man jedoch eines der gotischen Seitenschiffe integrierte. Außerdem erhielt das Gotteshaus eine prachtvolle Orgel des katalanischen Meisters Jordi Bosch. Eisenbahnfreunde werden dagegen am südwestlichen Rand des Ortes nach dem verfallenen Lokschuppen, einer alten Hütte für Bahngüter und der Grube einer Drehscheibe der einstigen Endstation fahnden. Das Bahnhofsgebäude selbst steht ein kurzes Stück weiter ortseinwärts; als privates Wohnhaus wurde es mit einer Veranda versehen und demonstriert auch auf diese Weise die Vergänglichkeit der mallorquinischen Eisenbahngeschichte.

Triebwagen testen die Brücke des Torrent dels Jueus

Der Bahnhof von Campos im Jahr 1917

Mallorca ist nicht nur ein Eisenbahn-, sondern auch ein Natur- und Wanderparadies. Ein schöner Panorama-Wanderweg verläuft von Sóller aus (an der Tankstelle der Umgehungsstraße geht's los) unter Kreuzen der Bahnstrecke nach Deia; das Meer zeigt sich hier von seiner schroffen – und schönsten Seite

Bildnachweis:

T. Küstner: 12 oben, 33, 39, 86 oben
B. Schulz: 52 oben, 59 Mitte, 62 oben, 65, 70

Alle historischen Aufnahmen Archiv SFM

Alle anderen Aufnahmen stammen von Klaus-J. Vetter

Ein kostenloses Gesamtverzeichnis erhalten Sie beim
GeraMond Verlag
D-81664 München

www.geramond.de

Lektorat: Lothar Reiserer, Brigitte Stuiber
Layout: Adolf Schmid, Freising
Repro: Scanner Service
Umschlaggestaltung: Heinz Kraxenberger, München, unter Verwendung von Fotos von Klaus-J. Vetter
Herstellung: Thomas Fischer

Alle Angaben dieses Werkes wurden von den Autoren sorgfältig recherchiert und auf den aktuellen Stand gebracht sowie vom Verlag geprüft. Für die Richtigkeit der Angaben kann jedoch keine Haftung übernommen werden. Für Hinweise und Anregungen sind wir jederzeit dankbar. Bitte richten Sie diese an:

GeraMond Verlag
Lektorat
Innsbrucker Ring 15
D-81673 München
e-mail: lektorat@geranova.de

Die Deutsche Bibliothek – CIP Einheitsaufnahme
Ein Titeldatensatz für diese Publikation ist bei der Deutschen Bibliothek erhältlich.

Ein Unternehmen der
GeraNova Zeitschriftenverlag GmbH
München

Printed in Italy by Printer Trento S.r.l.
ISBN 3-7654-7254-9